**Grado 2**

# Tu turno
## Cuaderno de práctica

**Mc Graw Hill Education**

*Bothell, WA • Chicago, IL • Columbus, OH • New York, NY*

www.mhonline.com/lecturamaravillas

A

# Contenido

## Unidad 1 • Amigos y familia

# Contenido

## Unidad 2 • El misterio de los animales

# Unidad 3 • Vivir y aprender

# Contenido

## Unidad 4 • Nuestra vida, nuestro mundo

# Unidad 5 • Mejorar nuestro mundo

# Contenido

## Unidad 6 • ¿Cómo es?

Nombre _____

| acción | acomodarse | acurrucarse | aparecer |
| atascarse | depender | melena | solitario |

**Usa lo que sabes sobre las palabras para elegir la que corresponda a cada espacio en blanco. Luego, escribe la palabra sobre la línea.**

**1.** La gran _____ del león asombraba a los niños.

**2.** Los pichones _____ de su madre para aprender a volar.

**3.** La casa de campo está en un lugar _____.

**4.** Luego de _____ en el sillón, la niña se durmió.

**5.** Los perros _____ para no tener frío.

**6.** María gritó cuando vio _____ un ratón en la cocina.

**7.** El auto _____ en el barro.

**8.** Observamos la rápida _____ de los bomberos.

Nombre _____

## Lee "Una bicicleta para dos". Completa el organizador gráfico de detalles clave.

| Detalle | Detalle | Detalle |
|---|---|---|
| | | |

Nombre _____

**Lee el texto. Usa la estrategia de visualizar para imaginar lo que sucede en la historia.**

# Una bicicleta para dos

Era un hermoso día de otoño. El sol brillaba. Las hojas
11 eran rojas, doradas y naranjas. La ardilla quería pasear
20 en bicicleta, pero la bicicleta estaba rota.

27 "No puedo repararla sola", pensó la ardilla.
34 "Necesitaré ayuda".

36 La ardilla fue a ver al zorro.

43 —¿Me ayudarías a reparar mi bicicleta? —le preguntó.

51 —Me gustaría ayudarte, pero estoy muy ocupado
58 preparando sopa —respondió el zorro.

63 Entonces la ardilla continuó su camino. Vio al oso y le
74 pidió ayuda.

76 —Estoy demasiado ocupado lavando ropa. Tal vez
83 pueda ayudarte la próxima semana —explicó el oso.

Nombre _____

| | |
|---|---|
| 91 | La ardilla movió la cabeza con gesto de disgusto. |
| 100 | Quería reparar su bicicleta para ir a pasear. Justo |
| 109 | entonces, se presentó el conejo y le preguntó por qué |
| 119 | estaba tan triste. La ardilla le explicó el problema. |
| 128 | —Quizás estés muy ocupado para ayudarme —dijo la |
| 136 | ardilla suspirando. |
| 138 | El conejo inspeccionó la bicicleta. Dobló un alambre |
| 146 | por aquí. Aceitó una rueda por allí. —Bueno, ahora |
| 155 | veamos —dijo el conejo. |
| 159 | Los dos amigos montaron la bicicleta. Pasaron |
| 166 | mucho tiempo en el bosque paseando y disfrutando del |
| 175 | hermoso día. |

Nombre _____

## A. Vuelve a leer el texto y responde las preguntas.

**1.** ¿Por qué el zorro no pudo ayudar a la ardilla a reparar su bicicleta?

_____

_____

**2.** ¿Por qué el oso no pudo ayudar a la ardilla a reparar su bicicleta?

_____

_____

**3.** ¿Por qué la ardilla y el conejo pudieron pasear en bicicleta?

_____

_____

## B. Trabajen con un compañero o una compañera. Lean el texto en voz alta. Presten atención a la expresividad. Deténganse después de un minuto. Completen la tabla.

|  | Palabras leídas | – | Cantidad de errores | = | Puntaje: palabras correctas |
|---|---|---|---|---|---|
| Primera lectura |  | – |  | = |  |
| Segunda lectura |  | – |  | = |  |

Nombre _____

# ¡Gracias, amigo!

—Sembrar un jardín es difícil —dijo el ratón—. Tardo mucho tiempo cavando cada pozo.

—¡Yo puedo ayudar! —dijo el topo. El topo cava los pozos muy rápido. El ratón planta las semillas.

**Responde las preguntas sobre la selección.**

1. ¿Cómo sabes que este texto es una fantasía?

_____

_____

2. ¿Por qué es fácil para el topo cavar muchos pozos?

_____

3. ¿Por qué el topo cava tantos pozos?

_____

Nombre _____

Para conocer el significado de una nueva palabra, observa sus partes. La raíz de la palabra puede tener distintas **terminaciones**. La terminación -***ando*** significa que algo está sucediendo ahora. La terminación -***ó*** significa que algo sucedió en el pasado.

**Escribe el significado de cada palabra subrayada. Encierra en un círculo si la acción sucede ahora o sucedió en el pasado.**

**1.** Entonces la ardilla <u>continuó</u> su camino.

Significa: _____

             ahora       en el pasado

**2.** Estoy demasiado ocupado <u>lavando</u> ropa.

Significa: _____

             ahora       en el pasado

**3.** Estoy demasiado ocupado <u>preparando</u> sopa.

Significa: _____

             ahora       en el pasado

**4.** El conejo <u>inspeccionó</u> la bicicleta.

Significa: _____

             ahora       en el pasado

**5.** Pasaron mucho tiempo en el bosque <u>paseando</u>.

Significa: _____

             ahora       en el pasado

Nombre _____

**Vuelve a leer "Una bicicleta para dos". Piensa cómo usó el autor los detalles clave. Usa las palabras y la imagen para completar las oraciones.**

**1.** Al comienzo de la historia, la ardilla _____

_____

_____.

**2.** En el desarrollo de la historia, la ardilla _____

_____

El autor usa estos detalles para mostrar _____

_____.

**3.** Al final de la historia, el conejo _____

_____.

**4.** Luego, _____

_____.

Nombre _____

**A. Lee el borrador de ejemplo. Usa las preguntas como ayuda para agregar detalles que describan el suceso.**

---

### Borrador

Ronnie y Paco fueron a pasar un día de campo. Cuando los amigos llegaron allí, pusieron toda la comida sobre una manta. Luego, comenzó a llover. Los dos amigos volvieron a guardar todo dentro de la canasta. Regresaron a sus casas.

---

**I.** ¿A dónde fueron los dos amigos a pasar un día de campo?

**2.** ¿Qué llevaron para comer durante el día de campo?

**3.** ¿Cómo volvieron a sus casas?

**B. Ahora revisa el borrador y agrega detalles que describan con más detalles lo que sucedió en el día de campo.**

_____

_____

_____

_____

_____

Nombre _____

| | | | |
|---|---|---|---|
| cultura | distancia | idioma | lejano |
| murmullo | orilla | parecido | retumbar |

**A. Lee las siguientes pistas. Luego, encuentra la palabra de vocabulario que corresponda a cada una de las pistas. Dibuja una línea para unir la pista con la palabra correcta.**

1. producir un gran ruido      **a.** orilla

2. que no está cerca      **b.** lejano

3. casi igual      **c.** retumbar

4. la manera en que nos comunicamos      **d.** murmullo

5. tierra cerca de un río      **e.** distancia

6. estilo de vida y costumbres      **f.** idioma

7. espacio entre dos lugares      **g.** parecido

8. sonido de voces en tono bajo      **h.** cultura

**B. Elige una palabra de vocabulario. Escribe una oración con esa palabra.**

9. _____

_____

Copyright © The McGraw-Hill Companies, Inc.

Nombre _____

## Lee "El festival de comidas". Completa la tabla de personaje, ambiente y sucesos.

| Personaje | Ambiente | Sucesos |
|-----------|----------|---------|
|           |          |         |
|           |          |         |

Nombre _____

**Lee el texto. Usa la estrategia de visualizar para imaginar lo que sucede en la historia.**

# El festival de comidas

Vicente y su familia fueron al festival de comidas
9   del pueblo. Vicente abrió los ojos muy grandes. Lo
18  asombraron los cambios en esta calle tan tranquila.
26  A cada lado de la calle se habían armado puestos de
37  comidas de donde colgaban coloridas banderas. A
44  Vicente le pareció asombroso, pues conocía algunas
51  de ellas. Estaban la de México y la de China. Vicente
62  caminaba por la calle detrás de su mamá, de su papá y
74  de su hermana.

77  La mamá se detuvo en el primer puesto. Allí estaban
87  vendiendo ensalada griega. Vicente y su familia se
95  maravillaron ante un gran plato de ensalada.

102 Luego, caminaron hasta el puesto de China. Allí
110 compartieron un maravilloso plato de sopa de carne y
119 fideos.

Nombre _____

120    La siguiente parada fue en el puesto de la India,
130    donde se beneficiaron con un riquísimo curry. En el
139    puesto de México comieron tamales.

144    La familia llegó al final de la calle. Todos estaban
154    satisfechos. El paseo había sido beneficioso. —¿Qué
161    comida les pareció más gustosa? —preguntó el papá.

169    Todos hablaron al mismo tiempo.
174    —El curry –dijo Vicente.
178    —Los tamales –dijo su hermana.
183    —La sopa de carne y fideos —dijo la mamá.
192    —Y a mí me gustaron la ensalada griega y los
202    tamales –dijo el papá con una sonrisa—. Creo que
214    podemos decir que todas las comidas son deliciosas.

Nombre _____

## A. Vuelve a leer el texto y responde las preguntas.

**1.** ¿Quiénes son los personajes de la historia?

_____

_____

**2.** ¿Dónde se desarrolla la historia?

_____

_____

**3.** ¿Qué sucede al principio de la historia?

_____

_____

## B. Trabajen con un compañero o una compañera. Lean el texto en voz alta. Presten atención a la expresividad. Deténganse después de un minuto. Completen la tabla.

|  | Palabras leídas | – | Cantidad de errores | = | Puntaje: palabras correctas |
|---|---|---|---|---|---|
| Primera lectura |  | – |  | = |  |
| Segunda lectura |  | – |  | = |  |

Nombre _____

# Dos tipos de fútbol

Víctor y Tim organizaron un partido con sus familias.

—Traje una pelota de fútbol —dijo Víctor.

—Yo traje una pelota de fútbol también —dijo Tim.

Pero ambas pelotas eran diferentes. Una era para jugar fútbol y la otra era para jugar fútbol americano.

Todos aprendieron a jugar los dos tipos de fútbol.

**Preguntas y respuestas sobre la selección.**

**1.** ¿Cómo sabes que este texto es ficción realista?

_____

_____

**2.** ¿Qué sucede al principio de la historia?

_____

_____

**3.** ¿Qué sucede durante el desarrollo?

_____

_____

**4.** ¿Qué sucede al final?

_____

_____

Nombre _____

La **raíz** es la parte de la palabra que no se modifica y a la que se agregan terminaciones para formar nuevas palabras. La terminación -*aron* significa que varias personas hicieron algo. Las terminaciones *-oso*, *-osa* significan que algo es abundante.

**A. Lee cada oración. Observa la palabra subrayada. Traza una línea entre la raíz de la palabra y la terminación.**

**1.** Lo <u>asombraron</u> los cambios.

**2.** A Víctor le pareció <u>asombroso</u>.

**3.** El paseo había sido <u>beneficioso</u>.

**B. En la oración 4 hay una palabra que tiene la misma raíz que una palabra de la oración 5. Subraya ambas palabras. Luego, debajo de cada oración, escribe otra palabra con la misma raíz.**

**4.** ¿Qué comida les pareció más gustosa?

_____

**5.** Y a mí me gustaron la ensalada griega y los tamales.

_____

Nombre _____

**Vuelve a leer "El festival de comidas". Piensa cómo usó el autor a los personajes, el ambiente y los sucesos. Usa las palabras y la imagen para completar las oraciones.**

**I.** Los personajes son _____

_____

_____ .

**2.** El ambiente es _____

_____

_____ .

**3.** Al final de la historia, _____

_____

_____ .

**4.** El autor incluyó este suceso para mostrar _____

_____

_____ .

Nombre _____

**A. Lee el borrador de ejemplo. Usa las preguntas como ayuda para escribir un principio interesante para esta historia.**

---

### Borrador

Fue a la tienda a comprar leche. La tienda quedaba lejos. Cuando llegó, se dio cuenta de que se había olvidado el dinero. El dueño de la tienda fue muy amable. Dijo que podía llevarse la leche y darle el dinero más tarde.

---

**I.** ¿Quién es el personaje de la historia?

**2.** ¿En dónde se desarrolla la historia?

**3.** ¿Qué información hace que los lectores quieran continuar leyendo?

**B. Ahora revisa el borrador y agrega un principio interesante acerca del personaje y el ambiente, que atraiga la atención del lector.**

_____

_____

_____

_____

Nombre _____

amistad     asentir     brinco     corretear

cosquillas     migajas     panza     relacionarse

**A. Lee las siguientes pistas. Luego, encuentra la palabra de vocabulario que corresponda a cada una de las pistas. Dibuja una línea para unir la pista con la palabra correcta.**

I. decir que sí, estar de acuerdo

2. tratar con otras personas

3. correr por diversión

4. compañerismo

5. trocitos de pan

6. salto pequeño

7. barriga de persona o animal

8. sensación que da risa

**a.** corretear

**b.** migajas

**c.** asentir

**d.** cosquillas

**e.** panza

**f.** brinco

**g.** relacionarse

**h.** amistad

**B. Elige una palabra de vocabulario. Escribe una oración con esa palabra.**

9. _____

_____

Nombre _____

## Lee "Una mascota propia". Completa la tabla de personaje, ambiente y sucesos.

| Personaje | Ambiente | Sucesos |
|-----------|----------|---------|
|           |          |         |
|           |          |         |

Nombre _____

**Lee el texto. Haz y responde preguntas mientras lees, para verificar la comprensión.**

# Una mascota propia

Javier vivía con su familia y tres mascotas. Su
9 hermana Carlota tenía un ave. Su hermano Ricardo
17 tenía dos ratones. Javier quería una mascota propia.
25 —¿Puedo tener una serpiente? —preguntó a sus padres.
33 Fue amable porque sabía que los buenos modales eran
42 importantes.

43 —La serpiente se comerá a mi ave —bramó Carlota
52 muy fuerte. Su grito alteró al ave, que comenzó a piar.

63 Javier tuvo otra idea.

67 —¿Puedo tener un gato? —preguntó amablemente.

73 —El gato se comerá a mi ave —gritó Carlota.

82 —Y también se comerá a mis ratones —dijo Ricardo.

Nombre _____

91     Javier vacilaba y no sabía cómo resolver su
99  problema. Quería una mascota que fuera diferente y
107  única. Ya había un ave y dos ratones. No podía tener
118  una serpiente ni un gato. ¿Qué clase de mascota no
128  molestaría o alteraría a los demás?

134     Un día Javier vio una publicidad sobre un conejo. Esa
144  mascota era diferente y podría llevarse bien con las demás.

154     Los padres de Javier le regalaron el conejo. Estaba
163  tan contento por tener una mascota propia que gritó
172  de alegría.

Nombre _____

## A. Vuelve a leer el texto y responde las preguntas.

**I.** ¿Quiénes son los personajes de la historia?

_____

_____

**2.** ¿En dónde se desarrolla la historia?

_____

_____

**3.** ¿Qué sucede al final de la historia?

_____

_____

## B. Trabajen con un compañero o una compañera. Lean el texto en voz alta. Presten atención a la expresividad. Deténganse después de un minuto. Completen la tabla.

| | Palabras leídas | – | Cantidad de errores | = | Puntaje: palabras correctas |
|---|---|---|---|---|---|
| Primera lectura | | – | | = | |
| Segunda lectura | | – | | = | |

Nombre _____

# El perfecto compañero de lectura

Leer no era fácil para Lucía. Un día, su gato Gumbo se subió a su regazo mientras ella estaba leyendo. Lucía leyó en voz alta para Gumbo. No cometió ningún error. ¡Gumbo era un gran oyente!

**Responde las preguntas sobre la selección.**

**1.** ¿Cómo sabes que este texto es de ficción?

_____

_____

**2.** ¿Qué sucede al principio de la historia?

_____

**3.** ¿Qué sucede durante el desarrollo?

_____

**4.** ¿Qué sucede al final?

_____

Nombre _____

> Observa este ejemplo de **claves de contexto**. Las palabras subrayadas explican el significado de *amable*.
>
> Fue **amable** porque sabía que los <u>buenos modales eran importantes</u>.

**Lee cada oración. Encierra en un círculo el significado de la palabra en negrilla. Subraya las claves de contexto.**

**1.** —La serpiente se comerá a mi ave —**bramó** Carlota muy fuerte.

gritó                              susurró

**2.** Javier **vacilaba** y no sabía cómo resolver su problema.

confiaba                          dudaba

**3.** Quería una mascota que fuera **diferente** y única.

igual                             distinta

**4.** ¿Qué clase de mascota no **molestaría** o alteraría a los demás?

gustaría                          irritaría

**5.** Estaba tan **contento** por tener una mascota propia que gritó de alegría.

enojado                           feliz

Nombre _____

**Vuelve a leer "Una mascota propia". Piensa cómo usó el autor a los personajes, el ambiente y los sucesos. Usa las palabras y la imagen para completar las oraciones.**

I. Los personajes son _____

_____

_____ .

2. El ambiente es _____

_____

_____ .

3. La ilustración muestra a _____

_____

_____ .

El autor incluye esta ilustración para mostrar que _____

_____

_____ .

Nombre _____

**A. Lee el borrador de ejemplo. Usa las preguntas como ayuda para usar palabras más precisas.**

> ### Borrador
>
> Mi gatita tiene un tamaño ideal para el pequeño apartamento de mi familia. Puede dormirse en mi regazo. Tiene un lindo pelaje. A mi gatita le gusta estar afuera, como a mí.

**I.** ¿Qué tamaño tiene la gatita?

**2.** ¿De qué color es el pelaje de la gatita? ¿Qué se siente al tocarla?

**3.** ¿Qué le gusta hacer afuera?

**B. Ahora revisa el borrador y reemplaza las palabras generales por palabras más precisas sobre la gatita.**

_____

_____

_____

_____

_____

Nombre _____

| | | | |
|---|---|---|---|
| alejarse | cuidado | entusiasmado | hambriento |
| libertad | necesitar | permitido | refugio |

## Elige la palabra que corresponda para completar cada espacio en blanco. Luego, escribe la palabra sobre la línea.

1. Una mascota _____ agua, comida y ejercicio.

2. Los niños están _____ por tener una mascota nueva.

3. No está _____ que los perros corran por el parque.

4. La mascota puede _____ de su hogar y perderse.

5. El león _____ persigue a su presa.

6. El tigre del zoológico está muy bien _____, recibe comida y atención de los veterinarios.

7. Los animales silvestres viven en _____.

8. Ante el peligro, el cachorro encontró un _____ bajo la cama.

Nombre _____

## Lee "Un perro bombero". Completa el organizador gráfico de detalles clave.

| Detalle | Detalle | Detalle |
|---|---|---|
| | | |

Nombre _____

**Lee el texto. Haz y responde preguntas mientras lees, para verificar la comprensión.**

# Un perro bombero

Tuco es un perro bombero que vive en la ciudad.

10 Cuando Tuco llegó a la estación de bomberos, solo tenía

20 tres meses. Vivió allí junto con cincuenta bomberos.

28 Ellos cuidaban a Tuco: lo alimentaban y le daban agua

38 para beber.

40     Los bomberos contrataron a un entrenador de perros.

48 El entrenador le enseñaba a vivir en la estación de

58 bomberos. Le mostraba dónde podía ir y dónde no.

67     Para hacer ejercicio, Tuco ni siquiera tenía que salir.

76 Lo entrenaban para que corriera en una cinta

84 mecánica, dentro de la estación.

Nombre _____

**Los perros bomberos, como Tuco, generalmente son dálmatas.**

89    Pronto, Tuco se hizo muy amigo de un bombero.

98   Desde entonces comparten un turno de trabajo en la

107  estación de bomberos. Luego del trabajo, el bombero

115  lleva a Tuco a su casa. Esto le da al perro un descanso

129  del gran movimiento que hay en la estación. También se

139  divierte conociendo a otros perros y jugando con ellos.

148    Tuco se entrenó aún más. Ahora realiza trucos de

157  prevención de incendios. Visita escuelas y muestra a los

166  niños lo que deben hacer: "Detener la marcha, tirarse al

176  suelo y rodar".

179    ¡Todo ese trabajo mantiene a Tuco muy ocupado!

Nombre _____

## A. Vuelve a leer el texto y responde las preguntas.

1. ¿Cómo cuidaban los bomberos a Tuco?

_____

_____

2. ¿Por qué el bombero llevaba a Tuco a su casa por las tardes?

_____

_____

3. Según la foto, ¿qué apariencia tiene un dálmata?

_____

_____

## B. Trabajen con un compañero o una compañera. Lean el texto en voz alta. Presten atención a la entonación. Deténganse después de un minuto. Completen la tabla.

|  | Palabras leídas | – | Cantidad de errores | = | Puntaje: palabras correctas |
|---|---|---|---|---|---|
| Primera lectura |  | – |  | = |  |
| Segunda lectura |  | – |  | = |  |

Nombre _____

# Mascota temporaria

La familia de Alicia tiene una mascota temporaria. Es un perro llamado Rocky. Lo alimentan, juegan con él y lo llevan al veterinario. Lo entrenan para que siga instrucciones. Cuando Rocky crezca, otra familia le dará un hogar definitivo.

**Alicia le enseña a Rocky a caminar sujeto por una correa.**

## Responde las preguntas sobre la selección.

**1.** ¿Cómo sabes que este texto es narrativa de no ficción?

_____

_____

**2.** ¿Qué le enseña Alicia a Rocky? ¿Donde hallaste esta información?

_____

_____

**3.** ¿Qué te enseña el texto sobre las mascotas temporarias?

_____

_____

Nombre _____

> Para conocer el significado de una palabra nueva, trata
> de separar la **raíz de la palabra** de su terminación. Las
> terminaciones -*a* y -*en* significan que la acción sucede en
> el presente. Las terminaciones -*aron* e -*ía* significan que la
> acción sucedió en el pasado.

**Lee las oraciones. Observa las palabras subrayadas. Traza
una línea entre la raíz de la palabra y la terminación. Luego,
escribe el significado de la palabra.**

I. <u>Vivía</u> allí junto con cincuenta bomberos.

_____

2. Los bomberos <u>contrataron</u> a un entrenador de perros.

_____

3. Luego del trabajo, el bombero <u>lleva</u> a Tuco a su casa.

_____

4. Ahora <u>realiza</u> trucos de prevención de incendios.

_____

5. Desde entonces <u>comparten</u> un turno de trabajo en la estación
de bomberos.

_____

Nombre _____

**Vuelve a leer "Un perro bombero". Piensa cómo usó el autor los detalles clave. Usa las palabras y la foto para completar las oraciones.**

**1.** Esta selección es acerca de _____

_____

_____.

**2.** El autor incluyó detalles acerca de _____

_____

_____.

**3.** La foto muestra _____

_____

_____.

**4.** Los detalles y la foto me ayudan a comprender _____

_____

_____.

Nombre _____

**A. Lee el borrador de ejemplo. Usa las preguntas como ayuda para pensar cómo usar palabras que indican secuencia.**

---

### Borrador

Estas son las instrucciones sobre cómo bañar a un perro. Llena la tina con agua tibia. Pon al perro dentro de la tina y lávalo con jabón. Enjuágalo con mucha agua fresca. Sécalo con una toalla.

---

**I.** Para bañar a un perro, ¿qué haces primero?

**2.** ¿Qué haces luego y qué, después?

**3.** ¿Qué haces por último?

**B. Revisa el borrador y agrega palabras que indican secuencia, como *primero*, *luego*, *después* y *por último* para que el lector comprenda el orden de las ideas.**

_____

_____

_____

_____

_____

Nombre _____

| | | | |
|---|---|---|---|
| cliente | costar | elegir | herramienta |
| gastar | quehaceres | revisar | trabajo |

**A. Elige la palabra que corresponda a cada pista. Escribe la palabra sobre la línea.**

1. tareas que realizan las personas a cambio de dinero
_____

2. pequeñas tareas que se realizan en el hogar _____

3. usar dinero para comprar algo _____

4. persona que habitualmente compra en un lugar
_____

5. objeto utilizado para realizar o reparar algo _____

6. observar algo para asegurarse de que funcione bien
_____

7. escoger entre dos o más cosas _____

8. estar algo en venta a determinado precio _____

**B. Elige una palabra de vocabulario. Escribe una oración con esa palabra.**

9. _____

_____

Nombre _____

## Lee "Un negocio familiar". Completa el organizador gráfico de detalles clave.

| Detalle | Detalle | Detalle |
|---|---|---|
|  |  |  |

Nombre _____

**Lee el texto. Haz y responde preguntas mientras lees, para verificar la comprensión.**

# Un negocio familiar

Las familias pueden emprender un negocio. Los
07 miembros de la familia ayudan para que funcione.
15 Luego, el negocio se transfiere a otros familiares. Te
24 contaremos sobre un negocio familiar que ha existido
32 durante 95 años.

35 En 1916, dos familias comenzaron un nuevo negocio.
43 Fundaron una empresa de café. Tostaban los granos
51 de café a mano. En esa época no había autos. Usaban
62 caballos y carros para repartir el café.

69 El negocio de café creció. Otros miembros de la
78 familia comenzaron a trabajar en la empresa. En 1918,
87 la empresa pudo comprar su primer camión.

Nombre _____

# El negocio familiar antes y ahora

| 1916 | Hoy |
|---|---|
| Se tostaban los granos de café a mano. Se entregaba el café por medio de carros y caballos. | Se vende café en tiendas, en restaurantes y en línea. Se realizan publicidades para la televisión. |

94      En la década de los cuarenta, los hijos de los dueños
105  se sumaron al negocio. La empresa crecía. Vendía café a
115  los restaurantes. Pronto la empresa necesitó una oficina
123  más grande.

125      En los noventa, ya la tercera generación trabajaba
133  para la empresa y comenzó a vender café en lugares
143  nuevos. Vendía café a las tiendas. Realizaban
150  publicidades para la televisión. En 2007, abrieron una
158  tienda en línea.

161      Los miembros de la familia trabajaron mucho.
168  Hicieron que su negocio fuera un éxito. Ahora pueden
177  transferirlo a la próxima generación.

Nombre _____

## A. Vuelve a leer el texto y responde las preguntas.

**1.** ¿Qué sucedió en 1916?

_____

_____

**2.** ¿Qué sucedió en la década de los cuarenta?

_____

_____

**3.** ¿Qué sucedió en 2007?

_____

_____

## B. Trabajen con un compañero o una compañera. Lean el texto en voz alta. Presten atención a la expresividad. Deténganse después de un minuto. Completen la tabla.

|  | Palabras leídas | – | Cantidad de errores | = | Puntaje: palabras correctas |
|---|---|---|---|---|---|
| Primera lectura |  | – |  | = |  |
| Segunda lectura |  | – |  | = |  |

Nombre _____

# Negocio familiar

Algunas familias tienen una pizzería. Todos ayudan. Los adultos preparan la comida y sirven a los clientes. Después de la escuela, los niños ayudan a limpiar las mesas y las ventanas.

| Tareas de los adultos | Tareas de los niños |
|---|---|
| preparar la comida | limpiar las mesas |
| servir a los clientes | limpiar las ventanas |

**Responde las preguntas sobre la selección.**

**1.** ¿Cómo sabes que este es un texto expositivo?

_____

_____

**2.** ¿Qué muestra el cuadro?

_____

_____

**3.** ¿Cuáles son las tareas de los adultos en una pizzería?

_____

_____

Nombre _____

> Para conocer el significado de una palabra nueva, observa sus partes. La raíz de una palabra puede tener distintas **terminaciones**. Las terminaciones -**s** y -**es** significan "más de uno." Las terminaciones -**aron** y -**ó** significan que algo sucedió en el pasado.

**Lee las oraciones. Encierra en un círculo la terminación de la palabra subrayada. Usa lo que sabes sobre terminaciones de palabras para escribir el significado de la palabra subrayada.**

**I.** Las <u>familias</u> pueden emprender un negocio.

_____

**2.** Te contaremos sobre un negocio familiar que ha existido durante 95 <u>años</u>.

_____

**3.** <u>Fundaron</u> una empresa de café.

_____

**4.** Vendía café a los <u>restaurantes</u>.

_____

**5.** <u>Comenzó a vender café a lugares nuevos</u>.

_____

Nombre _____

**Vuelve a leer "Un negocio familiar". Piensa cómo usó el autor los detalles clave. Usa las palabras y la imagen para completar las oraciones.**

**I.** Un detalle clave que el autor incluyó en el texto es que

_____

_____

_____ .

**2.** Otro detalle clave que el autor incluyó en el texto es que

_____

_____

_____ .

**3.** El autor incluye la tabla para _____

_____

_____

_____ .

Nombre _____

## A. Lee el borrador de ejemplo. Usa las preguntas como ayuda para usar oraciones de diferentes tipos y longitudes.

**Borrador**

Me gusta ayudar a mi familia a realizar los quehaceres. La casa queda limpia. También nos permite estar juntos en nuestro tiempo libre. Eso es lo que más me gusta.

**I.** ¿Dónde agregarías una pregunta?

**2.** ¿Dónde agregarías una exclamación?

**3.** ¿Qué oraciones alargarías? ¿Cuáles acortarías?

## B. Ahora revisa el borrador y escribe algunas preguntas o exclamaciones. Escribe también algunas oraciones largas y otras cortas.

_____

_____

_____

_____

Nombre _____

| | | | |
|---|---|---|---|
| adaptarse | agitado | alrededor | amainar |
| clima | estanque | infundir | matorral |

**Usa lo que sabes sobre las palabras para elegir la que corresponda a cada oración. Luego, escribe la palabra sobre la línea.**

1. Los animales del desierto deben _____ al clima caluroso y seco.

2. El temporal _____ al caer la noche.

3. Los patos nadan en el _____ .

4. Estaba muy _____ después de correr cuatro kilómetros.

5. _____ de la piscina hay árboles.

6. La selva tropical tiene _____ templado y húmedo.

7. Los osos se esconden en el _____ .

8. El enorme león _____ temor.

Nombre _____

## Lee "Buscar animales". Completa el organizador gráfico de personaje, ambiente, trama.

| **Principio** |
| :---: |
|  |

↓

| **Desarrollo** |
| :---: |
|  |

↓

| **Final** |
| :---: |
|  |

Nombre _____

**Lee el texto. Usa la estrategia de hacer predicciones para predecir lo que sucederá en la historia.**

# Buscar animales

La señorita Lisa lleva a sus alumnos a pasear al

10 bosque. Les pide que busquen animales. Todos los niños

19 llevan cuadernos. Se organizan, se reagrupan y parten.


27 Comienzan a caminar por un sendero. Desde la copa

36 de los árboles, las aves cantan. Un niño señala a un ave;

48 cree es un petirrojo. Los demás están en desacuerdo.

57 Dicen que simplemente es una hoja.


63 Los niños oyen ulular. El sonido es irreconocible.

71 Miran hacia arriba, pero no pueden ver nada. Un búho

81 los mira desde lo alto y les guiña el ojo. Sus plumas

93 marrones se confunden con las hojas. Los niños no

102 pueden creerlo.

Nombre _____

| 104 | Ahora pasan cerca de una pequeña laguna. Un ciervo |
| 113 | está bebiendo agua, pero se queda quieto al ver pasar |
| 123 | al grupo. Su pelaje marrón lo hace casi invisible en el |
| 134 | bosque. El ciervo los saluda con la pata y se escabulle. |

| 145 | Una niña baja la vista y mira el sendero desparejo. |
| 155 | Ve lo que parecen ser pequeños terrones de tierra. Se |
| 165 | detiene a observar. Los terrones saltan y gritan "¡Hola!". |
| 174 | ¡Son ranitas! Los niños se quedan con la boca abierta. |

| 184 | El paseo llega a su fin. Comentando lo sucedido, los |
| 194 | niños regresan al autobús. El conductor destraba la |
| 202 | puerta. Los niños están felices porque vieron muchos |
| 210 | animales. Ojalá puedan regresar otro día. |

Nombre _____

## A. Vuelve a leer el texto y responde las preguntas.

**1.** ¿Qué sucedió al comienzo de la historia?

_____

**2.** ¿Qué sucedió durante el desarrollo de la historia?

_____

_____

**3.** ¿Qué sucedió al final de la historia?

_____

## B. Trabajen con un compañero o una compañera. Lean el texto en voz alta. Presten atención al fraseo. Deténganse después de un minuto. Completen la tabla.

| | Palabras leídas | – | Cantidad de errores | = | Puntaje: palabras correctas |
|---|---|---|---|---|---|
| Primera lectura | | – | | = | |
| Segunda lectura | | – | | = | |

Nombre _____

# Ardillas conversadoras

Javier oyó conversar a un grupo de ardillas en el jardín. ¿¡Conversaban las ardillas!? Él oía claramente sus vocecitas. Corrió a buscar en su computadora datos sobre ardillas que hablaran. No encontró nada. Javier intentó acercarse, pero las ardillas huyeron velozmente.

**Responde las preguntas sobre la selección.**

**1.** ¿Cómo sabes que este texto es ficción?

_____

_____

**2.** ¿Qué información busca Javier en su computadora?

_____

_____

**3.** ¿Qué pasa al final de la historia?

_____

_____

Nombre _____

> Para conocer el significado de una palabra, puedes buscar un **prefijo**, que es una partícula que va al comienzo de la palabra.
>
> El prefijo *des-* y los prefijos *in-*, *im-* o *i-* significan "negación".
>
> El prefijo *re-* significa "repetición".

**Lee cada oración. Subraya la palabra que tiene un prefijo. Luego, escribe la palabra y su significado.**

**I.** El conductor destraba la puerta.

_____

**2.** Su pelaje marrón lo hace casi invisible en el bosque.

_____

**3.** Los niños oyen ulular. El sonido es irreconocible.

_____

**4.** Una niña baja la vista y mira el sendero desparejo.

_____

**5.** Se organizan, se reagrupan y parten.

_____

Nombre _____

**Vuelve a leer "Buscar animales". Piensa cómo usó el autor los personajes, el ambiente y la trama. Usa las palabras y la imagen para completar las oraciones.**

**I.** Al comienzo de la historia, _____

_____

_____

_____.

**2.** La ilustración me ayuda a comprender el ambiente porque

_____

_____

_____

**3.** Los niños van al bosque _____

_____

_____

_____.

**4.** Los animales que encuentran _____

_____

_____

_____.

Nombre _____

**A. Lee el borrador de ejemplo. Usa las preguntas como ayuda para agregar detalles que describan el suceso.**

---

### Borrador

Marisa y Tomás van a la playa. Nadan en el agua. Marisa ve aves volar por el cielo. Tomás encuentra caracolas en la orilla. Luego, ven un cangrejo cerca del agua.

---

I. ¿Qué tipo de playa es? ¿Cómo está el día?

2. ¿Qué detalles se pueden usar para describir a las aves, las caracolas y el cangrejo que ven Marisa y Tomás?

3. ¿Qué detalles podrían describir cómo se sienten Marisa y Tomás en la playa?

**B. Ahora revisa el borrador y agrega detalles que ayuden a los lectores a aprender más sobre el ambiente y los personajes.**

_____

_____

_____

_____

_____

Nombre _____

| hilera | hormiguero | inmediato | lección |
| recolectar | suficiente | trasladar | versión |

**Lee la historia. Usa las palabras de vocabulario para completar las oraciones. Luego, escribe las respuestas sobre las líneas.**

Hay historias que enseñan una _____. Esta

es una _____ de estas historias. La paloma

vio a las hormigas que _____ alimento

y en una prolija _____ lo llevaban al

_____. Sin querer, una hormiga cayó al agua.

De _____, la paloma lanzó una hoja al río. La

hormiga se trepó a la hoja y logró llegar a la orilla. La

hoja fue _____ para salvar su vida. Luego, la

hormiga ayudó a salvar la vida de la paloma, picando el

talón de un cazador que quería cazarla.

Nombre _____

## Lee "Ayuda para el zorro". Completa el organizador gráfico de problema y solución.

| Problema |
| --- |
| |

↓

| Pasos para la solución |
| --- |
| |

↓

| Solución |
| --- |
| |

Nombre _____

**Lee el texto. Usa la estrategia de hacer predicciones para predecir lo que sucederá en la historia.**

# Ayuda para el zorro

|    |   |
|----|---|
|    | Un día soleado, el zorro caminaba por el bosque. Vio |
| 10 | un sabroso racimo de uvas en la cima de un árbol. "Es |
| 22 | un tentempié saludable", pensó. Subió de un salto para |
| 31 | conseguirlas. |
|    | |
| 32 | El zorro estuvo a punto de alcanzar las uvas. Pero no |
| 43 | era un gran saltador, y no pudo saltar lo suficientemente |
| 53 | alto. Realmente quería las uvas. Entonces ideó un plan. |
| 62 | Consiguió una escalera y la apoyó en el árbol. Ahora |
| 72 | podría alcanzar las uvas fácilmente. |

Nombre

77     El viento comenzó a soplar con mucha fuerza. Cuando

86   el zorro subía por la escalera, el viento la volteó al piso.

98   Esto sucedió varias veces. El zorro suspiró desilusionado.

106   Estuvo a punto de rendirse. Una tortuga se acercó

115   sigilosamente.

116     La tortuga tuvo una idea útil. Sostendría la escalera

125   con firmeza mientras el zorro subía. El zorro subió por la

136   escalera, muy entusiasmado, y recogió las uvas.

143     Al bajar, compartió las uvas con la tortuga. El zorro

153   estaba agradecido por la ayuda de su amiga. A veces,

163   necesitamos de la ayuda de un amigo para alcanzar

172   nuestras metas.

Nombre _____

## A. Problema y solución, y fluidez

**1.** ¿Cuál era el problema en la historia?

_____

_____

**2.** ¿Qué pasos siguió el zorro para solucionar el problema?

_____

_____

**3.** ¿Cómo hizo el zorro para solucionar el problema?

_____

_____

## B. Trabajen con un compañero o una compañera. Lean el texto en voz alta. Presten atención a la expresividad. Deténganse después de un minuto. Completen la tabla.

|  | Palabras leídas | – | Cantidad de errores | = | Puntaje: palabras correctas |
|---|---|---|---|---|---|
| Primera lectura |  | – |  | = |  |
| Segunda lectura |  | – |  | = |  |

Nombre _____

# El zorro y las uvas

Un día el zorro vio un racimo de uvas en lo alto de un árbol. Intentó alcanzarlas, pero no pudo lograrlo. El zorro se marchó. "Esas uvas deben estar agrias", pensó. Es fácil despreciar algo cuando no puedes obtenerlo.

## Responde las preguntas sobre la selección.

**1.** ¿Cómo sabes que este texto es una fábula?

_____

_____

**2.** ¿Qué sucede al comienzo de la fábula?

_____

**3.** ¿Qué sucede al final de la fábula?

_____

**4.** ¿Qué lección nos enseña la fábula?

_____

Nombre _____

> Un **sufijo** es una letra o sílaba que se agrega al final de una palabra. Para conocer el significado de una palabra nueva, mira si tiene un sufijo.
>
> El sufijo –*ado* significa "lleno de".
>
> El sufijo –*mente* significa "de una determinada manera".

**Lee cada oración. Subraya la palabra que tiene un sufijo. Luego, escribe la palabra y su significado.**

**1.** Un día soleado, el zorro caminaba por el bosque.

_____

**2.** Ahora podría alcanzar las uvas fácilmente.

_____

**3.** Una tortuga se acercó sigilosamente.

_____

**4.** El zorro suspiró desilusionado. Estaba a punto de rendirse.

_____

**5.** El zorro subió por la escalera, muy entusiasmado, y recogió el racimo de uvas.

_____

Nombre _____

**Vuelve a leer "Ayuda para el zorro". Piensa cómo usó el autor el problema y la solución. Usa las palabras y la imagen para completar las oraciones.**

**I.** El problema que presenta el autor en la historia es que _____

_____

_____

_____ .

**2.** La solución que el autor presenta es que _____

_____

_____

_____ .

**3.** El autor presenta un problema y una solución para enseñar

la lección de que _____

_____

_____ .

Nombre _____

**A. Lee el borrador de ejemplo. Usa las preguntas como ayuda para agregar detalles de apoyo que describan el suceso.**

> ### Borrador
>
> Todos los días, un niño pastor creía ver a un lobo. Cada vez que creía verlo, gritaba: "¡Lobo!". Los habitantes del pueblo llegaban corriendo. Sentían pena por el niño.

**I.** ¿Cómo se siente el niño pastor?

**2.** ¿En qué está pensando el niño cuando cree ver un lobo?

**3.** ¿Qué detalles podrían explicar mejor las acciones del niño pastor y de los habitantes del pueblo?

**B. Ahora revisa el borrador y agrega detalles de apoyo que expliquen tus ideas acerca de cómo el niño pastor y los habitantes del pueblo actúan, piensan y se sienten.**

_____

_____

_____

_____

Nombre _____

| asomarse | enterrado | escapar | hábitat |
| naturaleza | nocturno | impacientemente | viaje |

**A. Lee las pistas. Luego, busca en la columna derecha la palabra de vocabulario que corresponda a la pista. Traza una línea desde la pista hasta la palabra.**

1. el mundo que nos rodea      **a.** hábitat

2. dejarse ver por
una abertura      **b.** escapar

     **c.** asomarse

3. lugar natural donde vive
una planta o un animal      **d.** enterrado

4. huir de un lugar      **e.** nocturno

5. con poca paciencia      **f.** naturaleza

6. un largo paseo      **g.** impacientemente

7. cubierto por algo      **h.** viaje

8. que pertenece a la noche

**B. Escribe una oración donde incluyas una palabra de vocabulario.**

9. _____

Nombre _____

**Vuelve a leer "Dos tipos de tundra". Completa el organizador gráfico de tema principal y detalles clave.**

| Tema principal | | |
| --- | --- | --- |
| **Detalle** | **Detalle** | **Detalle** |
| | | |

**Lee el texto. Usa la estrategia de hacer predicciones para predecir lo que sucederá en la historia.**

# Dos tipos de tundra

### La tundra ártica

3       El Dr. Jones fue a la **tundra ártica**. Hacía mucho
13    frío y no había árboles. Había pastos y flores. El Dr.
24    Jones estaba ansioso por ver animales. Estudiaba
31    cuidadosamente lo que hallaba.

35       En el cielo, el Dr. Jones descubrió majestuosos **cuervos**
44    y **gaviotas**. En el suelo, vio **lobos grises** y **liebres**
54    **árticas**. Sabía que muchos de estos animales tenían
62    grasa adicional. Esto no era alarmante. Mantenía a los
71    animales calientes durante el frío invierno. Algunos
78    animales dormían, mientras otros migraban hacia
84    el sur.

Nombre _____

86  **La tundra alpina**

89      El siguiente viaje del Dr. Jones fue a la **tundra**

99  **alpina**. Estaba muy interesado en comparar los dos

107  lugares. Esta tundra tampoco tenía árboles. Las plantas

115  alpinas eran muy similares a las árticas. Sin embargo,

124  los animales eran claramente distintos.

129      El Dr. Jones vio aves, como **arrendajos** y **urogallos**.

138  Vio graciosas **ovejas** y **alces** orgullosos. Sabía que

146  algunos de estos animales también tenían grasa

153  adicional. Los mantenía calientes. Algunos de ellos

160  dormían durante el invierno. Otros, se dirigían al sur.

Nombre _____

## A. Vuelve a leer el texto y responde las preguntas.

**I.** ¿Cuál es el tema principal del texto?

_____

_____

**2.** Nombra un detalle clave de la tundra ártica.

_____

_____

**3.** Nombra un detalle clave de la tundra alpina.

_____

_____

## B. Trabajen con un compañero o una compañera. Lean el texto en voz alta. Presten atención al fraseo. Deténganse después de un minuto. Completen la tabla.

|  | Palabras leídas | − | Cantidad de errores | = | Puntaje: palabras correctas |
|---|---|---|---|---|---|
| Primera lectura |  | − |  | = |  |
| Segunda lectura |  | − |  | = |  |

Nombre _____

# En la cueva

El científico ingresa en la cueva. Está fría y oscura.
Ve **camarones** y **escarabajos de cueva**. Ellos
nunca abandonan la cueva. Luego, ve un **caracol**. En
ocasiones, el caracol sale de la cueva.

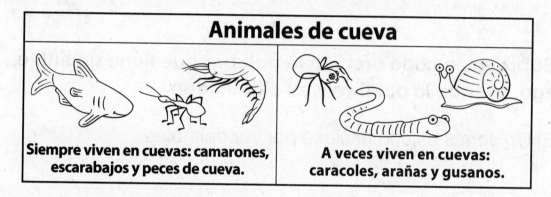

**Animales de cueva**

Siempre viven en cuevas: camarones, escarabajos y peces de cueva.

A veces viven en cuevas: caracoles, arañas y gusanos.

## Responde las preguntas sobre la selección.

1. ¿Cómo sabes que este texto es una narrativa de no ficción?

_____

2. ¿Qué ve después de los camarones y los escarabajos?

_____

3. ¿Por qué **camarones**, **escarabajos de cueva** y **caracol**
están en negrilla?

_____

4. ¿Qué información obtienes de la tabla?

_____

Nombre _____

> Un **sufijo** se agrega al final de una palabra y cambia su significado. Para saber qué significa una palabra, puede ayudarte mirar si tiene un sufijo.
>
> El sufijo *–oso*, *–osa* significa "que tiene mucho de".
>
> El sufijo *–mente* significa "de una determinada manera".

**A. Subraya en cada oración la palabra que tiene un sufijo. Luego, escribe la palabra y su significado.**

1. El Dr. Jones estaba ansioso por ver animales.

_____

2. Estudiaba cuidadosamente lo que hallaba.

_____

**B. Escribe una palabra que corresponda a cada definición. Una palabra debe tener el sufijo -*oso*, y la otra debe tener el sufijo -*mente*.**

4. de manera clara

_____

5. que tiene mucho orgullo

_____

Nombre _____

**Vuelve a leer "Dos tipos de tundra". Piensa cómo usó el autor el tema principal y los detalles clave. Usa las palabras y la imagen para completar las oraciones.**

**I.** El tema principal es _____

_____

_____ .

**2.** El autor describe las tundras ártica y alpina para explicar

_____

_____ .

**3.** En la sección "La tundra ártica", el autor incluye este detalle clave: _____

_____

_____ .

**4.** En la sección "La tundra alpina", el autor incluye este detalle clave: _____

_____

_____ .

Nombre _____

**A. Lee el borrador de ejemplo. Usa las preguntas como ayuda para agregar palabras que indican secuencia.**

---

### Borrador

Vi un tigre blanco cuando visité el zoológico el verano pasado. Era un día muy caluroso y el tigre blanco estaba jadeando. Chapoteó en el lago que rodeaba su corral. Los cuidadores le arrojaron cubos de hielo. Lamió y comió los cubos que contenían fruta. Se trasladó a un lugar donde había sombra.

---

**I.** ¿Qué hizo el tigre blanco primero? ¿Qué hizo después?

**2.** ¿Qué sucedió por último?

**3.** ¿Qué palabras puedes agregar para que la historia sea más fácil de comprender?

**B. Ahora revisa el borrador y agrega palabras que indican secuencia, como *primero, luego, después* y *por último* para que los lectores comprendan el orden de los sucesos.**

_____

_____

_____

Nombre _____

| | | | |
|---|---|---|---|
| acicalarse | adulto | cría | cubierto |
| gigante | mamífero | pelaje | vivo |

**Elige la palabra de vocabulario que corresponda para completar las oraciones. Luego, escribe la palabra sobre la línea.**

**1.** Un pollito está _____ de plumas suaves.

**2.** Algunas _____ se parecen mucho a sus padres.

**3.** Las ballenas son animales marinos _____.

**4.** Los gatos _____ para estar limpios.

**5.** Los caballos son _____ porque alimentan a su cría con su propia leche.

**6.** El _____ del zorro lo ayuda a mantenerse caliente.

**7.** Al nacer, las crías necesitan el cuidado de un _____.

**8.** Los animales necesitan comida y agua para mantenerse _____.

Nombre _____

## Vuelve a leer "Zarigüeyas". Completa el organizador gráfico de tema principal y detalles clave.

| Tema principal | | |
|---|---|---|
| **Detalle** | **Detalle** | **Detalle** |
| | | |

Nombre _____

**Lee el texto. Usa la estrategia de volver a leer para asegurarte de comprender la información.**

# Zarigüeyas

Una zarigüeya adulta tiene el tamaño de un gato
9 · grande. Cuando la madre da a luz, puede tener siete o
20 más crías. Tiene una bolsa en su vientre, al igual que
31 los canguros.

33 Las crías tienen el tamaño de una abeja. Al principio,
43 viven dentro de la bolsa de su madre. Después de
53 aproximadamente dos meses, salen de ella. Aún son
61 pequeñas. La madre puede llevarlas sobre el lomo. Las
70 crías crecen rápidamente. Pronto comenzarán a ser
77 independientes.

Nombre _____

### Zarigüeya

oreja

nariz

bigotes

cola

pulgar

| | |
|---|---|
| 78 | La zarigüeya adulta tiene un largo pelaje gris. La |
| 87 | cabeza es blanca. Las orejas son negras. Tiene hocico |
| 96 | puntiagudo y nariz rosa. La cola y los dedos de las |
| 107 | patas también son de color rosa. Tiene una boca con |
| 117 | cincuenta dientes filosos. |
| | |
| 120 | La zarigüeya también tiene una cola muy útil. Mide |
| 129 | casi un pie y tiene poco pelo. La zarigüeya puede usarla |
| 140 | para sostenerse de las ramas de los árboles. En cada |
| 150 | pata trasera, tiene un pulgar. Estos pulgares también la |
| 159 | ayudan a agarrarse. |
| | |
| 162 | A estos animales se los conoce por "hacerse |
| 170 | los muertos". Cuando un depredador las acecha, |
| 177 | permanecen inmóviles y no se mueven hasta que |
| 185 | desaparece la amenaza. |

Nombre _____

**A. Vuelve a leer el texto y responde las preguntas.**

**1.** ¿Cuál es el tema principal del texto?

_____

**2.** Menciona un detalle clave sobre una zarigüeya adulta.

_____

_____

**3.** Menciona un detalle clave sobre una cría de zarigüeya.

_____

**B. Trabajen con un compañero o una compañera. Lean el texto en voz alta. Presten atención al fraseo. Deténganse después de un minuto. Completen la tabla.**

|  | Palabras leídas | – | Cantidad de errores | = | Puntaje: palabras correctas |
|---|---|---|---|---|---|
| Primera lectura |  | – |  | = |  |
| Segunda lectura |  | – |  | = |  |

Nombre _____

# Los leopardos y sus cachorros

Los cachorros de leopardo nacen con los ojos cerrados. El pelaje es más largo y más grueso que el de sus padres. También es más gris. Las manchas de los cachorros no pueden verse con facilidad.

**Leopardo**

cola larga

ojos amarillos

bigotes

garras

manchas negras

## Responde las preguntas sobre la selección.

**1.** ¿Cómo sabes que este texto es expositivo?

_____

_____

**2.** ¿Qué puedes aprender si observas el diagrama?

_____

_____

**3.** ¿Qué puedes aprender si lees las etiquetas?

_____

_____

Nombre _____

> Las **palabras con significados múltiples** tienen más de un significado. Usa otras palabras en la oración para saber el significado correcto en cada caso.

**Lee cada oración. Piensa en el significado de la palabra en negrilla. Tilda el significado que corresponda al uso de la palabra en cada oración.**

1. La madre puede llevar a la cría sobre el **lomo**.

   ☐ la espalda de los animales

   ☐ corte de carne de vaca o cerdo

2. Una zarigüeya tiene una **cola** muy útil.

   ☐ fila de personas

   ☐ extremidad posterior de los animales

3. La cola las ayuda a sostenerse de las **ramas** de los árboles.

   ☐ áreas en que se divide una ciencia

   ☐ parte de un árbol

4. En cada **pata** trasera tienen un pulgar.

   ☐ hembra del pato

   ☐ pierna y pie de los animales

Nombre _____

**Vuelve a leer "Zarigüeyas". Piensa cómo usó el autor el tema principal y los detalles clave. Usa las palabras y la imagen para completar las oraciones.**

**I.** El tema principal son _____

_____

_____.

**2.** El autor incluye como detalle clave _____

_____

_____.

**3.** El diagrama me ayuda a conocer _____

_____

_____.

Nombre _____

**A. Lee el borrador de ejemplo. Usa las preguntas como ayuda para agregar palabras de enlace.**

---

**Borrador**

La cría de un perro se llama *cachorro*. Un cachorro es mucho más pequeño que sus padres. Tiene la misma forma que sus padres. Tiene pelaje, igual que sus padres. No puede hacer muchas cosas por sí mismo.

---

**1.** ¿De qué manera puedes conectar las ideas en el borrador?

**2.** ¿En qué se diferencia un cachorro de sus padres?

**3.** ¿En qué se parece un cachorro a sus padres?

**B. Ahora revisa el borrador. Agrega y reemplaza palabras para conectar las ideas con palabras de enlace, como *y*, *entonces*, *además*, *pero* o *sin embargo*.**

_____

_____

_____

_____

_____

Nombre _____

| | |
|---|---|
| comportarse | detenerse |
| expresar | maravilla |

**A. Usa lo que sabes sobre las palabras para elegir la que corresponda a cada oración. Luego, escribe la palabra sobre la línea.**

1. Las montañas y los mares son _____ de la naturaleza.

   _____

2. El autobús _____ en la parada.

   _____

3. Los niños saben _____ en el salón de clases.

   _____

4. En mi diario puedo _____ lo que siento.

   _____

**B. Elige una palabra de vocabulario. Escribe una oración donde incluyas la palabra.**

5. _____

   _____

Nombre _____

## Vuelve a leer "Mi perro". Completa el organizador gráfico de detalles clave.

| Detalle | Detalle | Detalle |
|---|---|---|
|  |  |  |

Nombre _____

**Lee el poema. Usa la estrategia de volver a leer para verificar la comprensión.**

# Mi perro

    Este amigo mío, mi buen don Fermín,

7    es un cachorrito, pero no pequeño.

13    No se queda quieto ni un minuto al día.

22    Se escapa muy suelto y busca aventuras,

29    se mete en los charcos, tira la basura,

37    y cava en el huerto y todo tritura.

45    Con sus largas patas, fuertes y ligeras,

51    corre, corre y corre mañanas enteras.

58    Pero cuando oye mi voz, para las orejas

66    y viene corriendo hasta donde estoy.

72   Si acaso presiente alguna amenaza,

77   toma mi mano en su enorme bocaza,

84   y un camino traza lejos del peligro.

91   En el estanque, él nada conmigo

97   ¡nunca me abandona este buen amigo!

103   Solo está sereno al caer la tarde,

110   cuando ya cansado de tanto correr,

116   se echa a mi lado y espera tranquilo

124   las caricias torpes de su buen amigo.

131   ¡Yo te quiero mucho, mi fiel don Fermín!

Nombre _____

## A. Vuelve a leer el texto y responde las preguntas.

**I.** ¿Qué detalle clave te indica la edad aproximada del perro?

_____

_____

**2.** Menciona tres detalles clave que demuestren que el perro es un cachorro.

_____

_____

**3.** ¿Qué detalles clave sobre el aspecto físico del perro menciona el autor?

_____

## B. Trabajen con un compañero o una compañera. Lean el texto en voz alta. Presten atención al fraseo. Deténganse después de un minuto. Completen la tabla.

| | Palabras leídas | – | Cantidad de errores | = | Puntaje: palabras correctas |
|---|---|---|---|---|---|
| Primera lectura | | – | | = | |
| Segunda lectura | | – | | = | |

Nombre _____

# El petirrojo

El petirrojo junta ramitas, pelusas,

palillos, piolines e hilos de blusas.

Entrelaza todo de acuerdo a su gusto,

para que su nido sea muy robusto.

## Responde las preguntas sobre la selección.

**1.** ¿Cómo sabes que el texto es un poema?

_____

_____

**2.** ¿Qué palabras riman en este poema?

_____

_____

**3.** ¿Qué aprendiste del petirrojo al leer este poema?

_____

_____

Nombre _____

> Las **palabras con significados múltiples** tienen más de un significado. Usa otras palabras de la oración para encontrar el significado correcto en cada caso.

**Lee los versos del poema. Encierra en un círculo el significado de la palabra en negrilla.**

1. Si acaso presiente alguna amenaza
   **toma** mi mano en su enorme bocaza.

   agarra          come o bebe

2. toma mi mano en su enorme bocaza
   y un **camino** traza lejos del peligro.

   recorrido          voy andando

3. En el estanque, él **nada** conmigo
   ¡nunca me abandona este buen amigo!

   ninguna cosa          se mueve en el agua

4. Con sus largas **patas**, fuertes y ligeras,
   corre, corre y corre mañanas enteras.

   piernas          hembras de pato

5. Cuando ya cansado de **tanto** correr,
   se echa a mi lado y espera tranquilo.

   mucho          gol

Nombre _____

**Vuelve a leer "Mi perro". Piensa cómo usó el autor los detalles clave. Usa las palabras y la imagen para completar las oraciones.**

**I.** Un detalle clave que el autor incluyó en el poema es

_____

_____

_____

_____ .

**2.** Otro detalle clave es

_____

_____

_____ .

**3.** Los detalles y la imagen que el autor incluyó me ayudan a comprender

_____

_____

_____ .

Nombre _____

## A. Lee el borrador de ejemplo. Usa las preguntas como ayuda para pensar qué palabras precisas puedes agregar.

> ### Borrador
>
> Era de noche y estábamos afuera.
> Algo se movió, no sabíamos qué era.
> Encendimos la luz, para ver en detalle,
> Era un sapito, cruzando la calle.

**I.** ¿Qué tipo de noche es?

**2.** ¿Cómo es la apariencia del sapo?

**3.** ¿Cómo se mueve el sapo?

## B. Ahora revisa el borrador y agrega palabras precisas para que los lectores puedan imaginar la noche y el sapo.

_____

_____

_____

_____

_____

Nombre _____

| | | | |
|---|---|---|---|
| cierto | comprobar | fuerza | increíble |
| medir | objeto | peso | velocidad |

**A. Lee las pistas. Luego, busca la palabra de vocabulario que corresponda a la pista. Traza una línea desde la pista hasta la palabra.**

1. demostrar que algo es cierto

2. qué tan pesado es algo

3. asombroso, sorprendente

4. rapidez en el movimiento

5. que es un hecho verdadero

6. cosa

7. empujón o jalón

8. hallar el tamaño de algo

**a.** velocidad

**b.** increíble

**c.** peso

**d.** fuerza

**e.** comprobar

**f.** medir

**g.** objeto

**h.** cierto

**B. Elige una palabra de vocabulario. Escribe una oración donde incluyas esa palabra.**

9. _____

_____

Nombre _____

## Lee "¿Cómo funciona la montaña rusa?". Completa el organizador gráfico de propósito del autor.

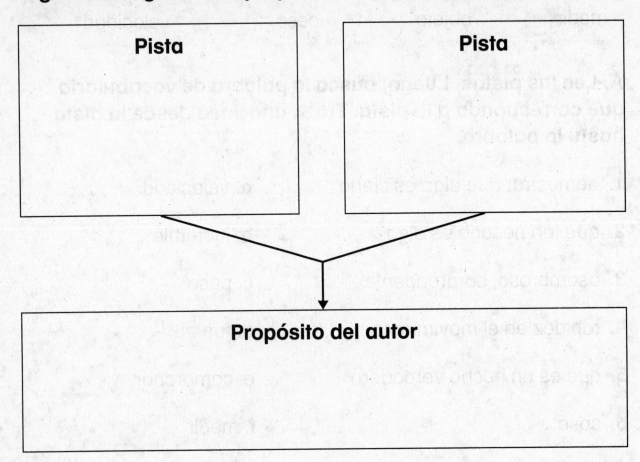

| Pista | Pista |
|---|---|

**Propósito del autor**

Nombre _____

**Lee el texto. Usa la estrategia de volver a leer para verificar la comprensión de la información nueva o de los hechos difíciles de comprender.**

# ¿Cómo funciona la montaña rusa?

Pasear en una montaña rusa es como volar. Los
9    carros suben y bajan por la pista a toda velocidad. En
20   las curvas, doblan rápidamente. ¿Sabes cómo funciona
27   una montaña rusa?

30   **El paseo comienza**

33   Una larga cadena se desliza por debajo de la primera
43   pista elevadora. El motor mueve la cadena en un
52   circuito. Es como la cinta transportadora de las cajas de
62   las tiendas. Los carros de la montaña rusa se sujetan
72   a la cadena. La cadena arrastra el tren de la montaña
83   rusa hacia la cima de la colina.

90   **Deslizarse por la pista**

94   El tren llega a la cima de la colina. La cadena se
106  desengancha. La **gravedad** hace que el tren baje por
115  la pista. La gravedad es una **fuerza** que empuja los
125  objetos hacia el centro de la tierra.

Nombre _____

**Montaña Rusa**

carros

pista

**La gravedad hace que los carros bajen por la colina.**

132   A medida que el tren baja por la pista, **acelera**.
142   Adquiere más y más velocidad. Esta velocidad ayuda a
151   que el tren suba la colina siguiente. El estruendo es tan
162   fuerte como un trueno. Luego, se repite todo el proceso.

172   **El paseo termina**

175   Cuando el paseo llega a su fin, el tren de la montaña
187   rusa debe detenerse. Hay frenos en la pista. Estos frenos
197   detienen el **movimiento** del tren. Entonces, comienza
204   a moverse lento como una tortuga. La montaña rusa
213   termina en la misma posición en la que comenzó.

222   Esta es la manera en que funciona una montaña
231   rusa. Piensa en estas fuerzas la próxima vez que te
241   subas a una.

Nombre _____

## A. Vuelve a leer el texto y responde las preguntas.

I. ¿Cuál es el tema del texto?

_____

_____

2. Menciona un hecho sobre el tema que incluyó el autor?

_____

_____

3. ¿Cuál es el propósito del autor al escribir este texto?

_____

_____

## B. Trabajen con un compañero o una compañera. Presten atención a la entonación. Deténganse después de un minuto. Completen la tabla.

|  | Palabras leídas | – | Cantidad de errores | = | Puntaje: palabras correctas |
|---|---|---|---|---|---|
| Primera lectura |  | – |  | = |  |
| Segunda lectura |  | – |  | = |  |

Nombre _____

# Cómo funciona un yoyó

Deja caer el yoyó. El yoyó girará mientra la cuerda
se **desenrolla.** Seguirá girando hasta que se termine
la cuerda. Con un tirón rápido, la cuerda se **enrolla**,
y el yoyó se puede volver a lanzar.

La gravedad hace que el yoyó se desenrolle.
Un tirón lo vuelve a enrollar.

Yoyó

Cuerda

## Responde las preguntas sobre la selección.

**I.** ¿Cómo sabes que este texto es un texto expositivo?

_____

_____

**2.** ¿Por qué las palabras **desenrolla** y **enrolla** están en negrillas?

_____

_____

**3.** ¿Qué enseña el diagrama?

_____

Nombre _____

En un **símil** se usa la palabra *como* para comparar dos cosas distintas.

**Lee las oraciones. Luego, responde las preguntas.**

**I.** Pasear en una montaña rusa es como volar.

¿Qué dos cosas compara el autor?

_____

¿Qué significa el símil?

_____

_____

**2.** El motor mueve la cadena en un circuito. Es como la cinta transportadora de las cajas de las tiendas.

¿Qué dos cosas compara el autor?

_____

¿Qué significa el símil?

_____

**3.** El sonido de la montaña rusa es tan fuerte como un trueno.

¿Qué dos cosas compara el autor?

_____

¿Qué significa el símil?

_____

Nombre _____

**Vuelve a leer "¿Cómo funciona la montaña rusa?". Piensa en el propósito del autor. Usa las palabras y la imagen como ayuda para completar las oraciones.**

**I.** El autor escribió la sección "El paseo comienza" para explicar

_____

_____

_____.

**2.** El autor escribió la sección "El paseo termina" para explicar

_____

_____

_____.

**3.** El propósito del autor al escribir este texto es _____

_____

_____

_____.

Nombre _____

**A. Lee el borrador. Usa las preguntas como ayuda para agregar palabras que indiquen el orden de las ideas.**

---

### Borrador

Tú usas la fuerza de empuje y tracción. Cuando lanzas una pelota a un jugador, usas la fuerza de empuje. Cuando intentas quitarle la pelota a un jugador, usas la fuerza de tracción.

---

**I.** ¿Qué palabras puedes agregar a la primera oración para que sea más clara?

**2.** ¿Qué palabras puedes agregar a la segunda oración para que sea más clara?

**3.** ¿Tiene sentido el orden de las ideas?

**B. Ahora revisa el borrador y agrega palabras. Verifica que el orden de las ideas tenga sentido y sea fácil de entender.**

_____

_____

_____

_____

_____

Nombre _____

| despejado | encender | funcionar | ganas |
| hamaca | iluminar | pensativo | pilas |

## Lee la historia. Elige las palabras de vocabulario para completar las oraciones. Luego, escribe las respuestas sobre las líneas.

El cielo estaba _____ y la luz de la

luna _____ el jardín. Max se acostó en la

_____ y disfrutó el espectáculo. Pero de

repente, las nubes cubrieron el cielo y todo se oscureció.

Max se quedó _____. Como no veía

nada fue a buscar una _____. Quiso

_____, pero no pudo hacerla _____

porque no tenía _____.

Max tuvo que quedarse con las _____ de

contemplar el cielo nocturno.

Nombre _____

**Lee "Una estrella fugaz". Completa el organizador gráfico de secuencia.**

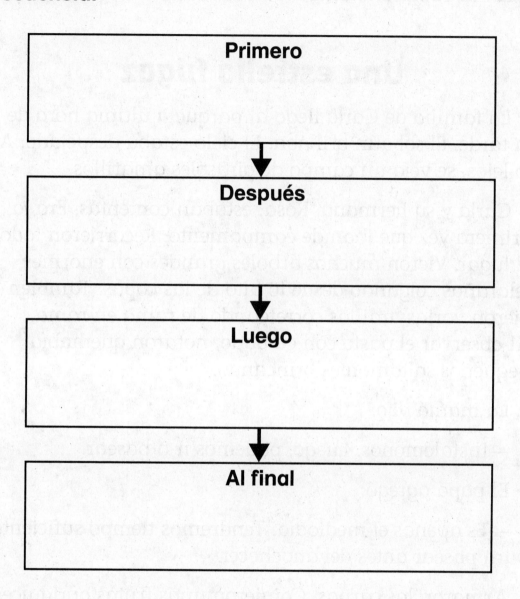

**Primero**

**Después**

**Luego**

**Al final**

Nombre _____

**Lee el texto. Usa la estrategia de volver a leer para verificar la comprensión de los sucesos de la historia.**

# Una estrella fugaz

La familia de Carla llegó al parque a última hora de
11 la tarde. El sol aún brillaba. El cielo estaba despejado. A
22 lo lejos, se veía un campo de girasoles amarillos.

31 Carla y su hermana, Rosa, estaban contentas. Era la
40 primera vez que iban de campamento. Recorrieron todo
48 el lugar. Vieron muchos árboles grandes con enormes
56 telarañas colgando desde lo alto de las copas. También
65 vieron varias ardillas correteando de rama en rama.
73 Al observar el pasto con cuidado, notaron que había
82 pequeños saltamontes brincando.

85 La mamá dijo:

88 —Instalémonos. Luego, podemos ir a pasear.

94 El papá agregó:

97 —Es apenas el mediodía. Tendremos tiempo suficiente
104 para pasear antes del anochecer.

109 Armaron las carpas. Comieron unas frutas agridulces
116 y se fueron a pasear. Ya había oscurecido cuando
125 regresaron al campamento.

128 —¡Miren! Aquí hay luciérnagas —dijo Carla.

Nombre _____

129    Todos alzaron la vista para observar las luciérnagas.
137  En ese momento, vieron una estrella fugaz atravesar el
146  cielo en la oscuridad de la noche.

153    —¿Qué es eso? —preguntó Rosa.

158    —Es una estrella fugaz. Algunas personas dicen que si
167  pides un deseo al verla pasar, el deseo se hará realidad.
178  Es un lindo pasatiempo —dijo el papá.

185    Carla y Rosa pidieron sus deseos rápidamente.

192    La mamá explicó:

195    — No quiero ser aguafiestas, pero no es exactamente
203  una estrella. Aunque muchos la llaman "estrella fugaz",
211  no es una estrella. En verdad, es polvo que vuela hacia
222  la tierra. Se calienta y brilla. Eso es lo que vemos.

233    —No importa cómo la llamemos. Espero que nuestros
241  deseos se hagan realidad —dijo Carla.

Nombre _____

## A. Lee el texto y responde las preguntas

**I.** ¿Qué sucede primero en la historia?

_____

_____

**2.** ¿Qué sucede después de que oscurece?

_____

_____

**3.** ¿Qué sucede al final?

_____

_____

## B. Trabajen con un compañero o una compañera. Presten atención a la entonación. Deténganse después de un minuto. Completen la tabla.

| | Palabras leídas | – | Cantidad de errores | = | Puntaje: palabras correctas |
|---|---|---|---|---|---|
| Primera lectura | | – | | = | |
| Segunda lectura | | – | | = | |

# Figuras en el cielo

Un día, dos amigos jugaron a dar nombres a las figuras que formaban las nubes.

—Mira cuántas nubes hay en el cielo. Esa parece un león —dijo Gabriela.

—Esa nube se parece a un tren —dijo Marcos.

## Responde las preguntas sobre la selección.

**1.** ¿Cómo sabes que este texto es ficción realista?

_____

**2.** ¿Qué es un diálogo?

_____

**3.** ¿Qué dice Gabriela?

_____

**4.** ¿Qué dice Marcos?

_____

Nombre _____

> Una **palabra compuesta** es una palabra formada por dos palabras más cortas.

**A. Lee las oraciones. Escribe la palabra compuesta. Traza una línea entre las dos palabras simples.**

1. A lo lejos se veía un campo de girasoles amarillos. _____

2. Había pequeños saltamontes brincando. _____

3. Comieron unas frutas agridulces y se fueron a pasear.

_____

**B. Escribe el significado de las palabras compuestas.**

4. telaraña

_____

5. pasatiempo

_____

6. mediodía

_____

Nombre _____

**Vuelve a leer "Una estrella fugaz". Piensa sobre cómo el autor usó la secuencia. Usa las palabras y la imagen para completar las oraciones.**

**I.** El primer suceso que el autor incluye es que _____

_____

_____

_____ .

**2.** Luego, Carla y Rosa _____

_____

_____ .

**3.** Al final de la historia, las niñas aprenden nuevos datos sobre

_____

_____

_____ .

**4.** El autor incluye este suceso para ayudarme a comprender

_____

_____

_____ .

Nombre _____

## A. Lee el borrador. Usa las preguntas como ayuda para agregar palabras que conecten ideas.

---

### Borrador

Javier y el papá estaban acampando. La luz de la luna era brillante. Alumbraba la carpa. Pudo ver la Osa Mayor. La noche estaba tan oscura. Javier soñó que viajaba en un cohete espacial, entonces podía ver más estrellas.

---

**I.** ¿En qué oración hay una palabra de enlace?

**2.** ¿Qué oraciones pueden combinarse para conectar ideas?

**3.** ¿Qué palabras puedes usar para mostrar cómo se conectan las ideas?

## B. Ahora revisa el borrador y agrega palabras de enlace para conectar ideas como *y*, *entonces*, *pero*, *porque* o *aunque*.

_____

_____

_____

_____

_____

Nombre _____

| | | | |
|---|---|---|---|
| aldea | apartado | divisar | emprender |
| idea | insistir | prestado | vecino |

**Elige la palabra que corresponda a cada espacio en blanco. Luego, escribe la palabra sobre la línea.**

**1.** La carretera atraviesa muchas _____ pequeñas.

**2.** _____ una granja de ovejas en el campo.

**3.** Luis trabaja en una zona _____ .

**4.** ¿Podría tomar _____ tu lápiz?

**5.** El niño tiene una buena _____ para el proyecto de arte.

**6.** La maestra _____ en que los estudiantes se esfuercen.

**7.** Haremos una fiesta en la calle con los _____ .

**8.** Mis hermanos _____ juntos un negocio.

Nombre _____

## Lee "Ayudar a la comunidad". Completa el organizador gráfico de propósito del autor.

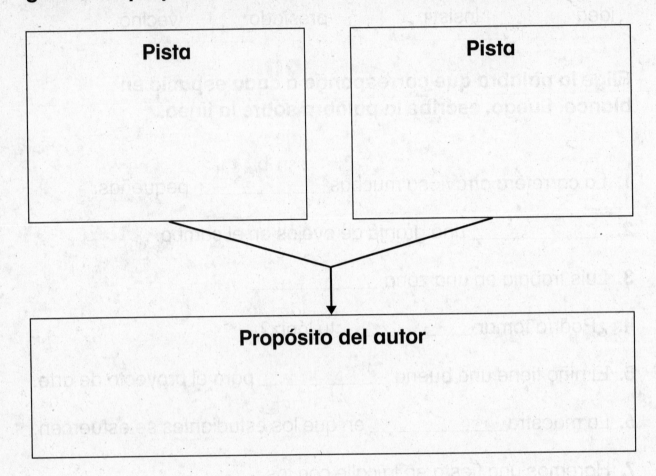

**Lee el texto. Haz y responde preguntas mientras lees para verificar la comprensión.**

# Ayudar a la comunidad

Hace muchos años que Doug Long anda en bicicleta.
9    A los 16 años, emprendió un viaje solitario. Atravesó
18   todo Estados Unidos a bordo de su bicicleta. ¡Fue una
28   gran travesía para un joven!

33   Ahora cuando Doug anda en bicicleta, suele hacerlo
41   en compañía de niños. Doug trabaja con un grupo de
51   voluntarios. El grupo organiza paseos para los niños
59   de la ciudad. Así aprecian y valoran el mundo que los
70   rodea. Doug los ayuda a explorar la naturaleza.

78   Doug lleva su propia bicicleta y su propio casco a
88   los paseos. Los niños reciben bicicletas y cascos para
97   usar durante la excursión. Luego, van a un parque o a
108  alguna zona atractiva.

Nombre _____

**Doug Long ayuda a los niños a conocer más la naturaleza.**

| 111 | En un paseo, los niños vieron una oruga. Temían que |
| 121 | fuera peligroso tocarla. Doug la recogió para mirarla |
| 129 | bien. Al observarla en manos de Doug, los niños vieron |
| 139 | que tocarla no era riesgoso. Luego se turnaron para |
| 148 | tenerla en sus manos. |
| 152 | Entre paseos, los niños aprenden a reparar las |
| 160 | bicicletas. Pueden trabajar en un taller de reparación de |
| 169 | bicicletas. De este modo, suman puntos. Pueden usar los |
| 178 | puntos para obtener una bicicleta propia. |
| 184 | A Doug Long le gusta andar en bicicleta. Y le gusta |
| 195 | ayudar. Hace que su comunidad sea un lugar mejor. |

photo Courtesy of Doug Long

Nombre _____

## A. Vuelve a leer el texto y responde las preguntas

**I.** ¿Qué quería el autor que supieras sobre Doug Long cuando él tenía 16 años?

_____

_____

**2.** ¿Qué quería el autor que supieras sobre el trabajo de Doug con un grupo de voluntarios?

_____

_____

**3.** ¿Cuál es el propósito del autor al escribir este texto?

_____

_____

## B. Trabajen con un compañero o una compañera. Lean el texto en voz alta. Presten atención a la expresividad. Deténganse después de un minuto. Completen la tabla.

| | Palabras leídas | – | Cantidad de errores | = | Puntaje: palabras correctas |
|---|---|---|---|---|---|
| Primera lectura | | – | | = | |
| Segunda lectura | | – | | = | |

Nombre _____

# Una ciudad apta para bicicletas

Sara Krause vive en Austin, Texas. El alcalde le pidió que propusiera ideas para mejorar la seguridad de quienes circulan en bicicleta. Ahora Sara y muchas otras personas ayudan para que Austin sea una ciudad apta para andar en bicicleta.

**Sara Krause dirigía el grupo de seguridad para bicicletas en Austin.**

## Responde las preguntas sobre la selección.

**1.** ¿Cómo sabes que este texto es una narrativa de no ficción?

_____

_____

**2.** ¿Cómo ayudó Sara Krause a la comunidad de Austin?

_____

_____

**3.** ¿Por qué el autor incluyó una foto?

_____

**4.** ¿Qué información obtienes del pie de foto?

_____

_____

Nombre _____

> Los sinónimos son palabras que tienen significados muy parecidos.

**A. Lee las oraciones. Halla las dos palabras que son sinónimos. Enciérralas en un círculo y luego, escríbelas sobre las líneas.**

**1.** A los 16 años, emprendió un viaje solitario.

¡Es una gran travesía para un joven!

_____     _____

**2.** Ahora cuando Doug anda en bicicleta, suele hacerlo en compañía de niños.

El grupo organiza paseos para los chicos de la ciudad.

_____     _____

**B. Lee las oraciones. Escribe una palabra para responder cada pregunta.**

Temían que fuera peligroso tocarla. Doug la recogió para mirarla bien. Al observarla en manos de Doug, los niños vieron que tocarla no era riesgoso.

**4.** ¿Qué palabra en la tercera oración es un sinónimo de **peligroso**?

_____

**5.** ¿Qué palabra en la segunda oración es un sinónimo de **mirarla**?

_____

Nombre _____

## Vuelve a leer "Ayudar a la comunidad". Piensa en el propósito del autor. Usa las palabras y la imagen para completar las oraciones.

**I.** El tema del texto es _____

_____

_____

_____.

**2.** Un hecho que el autor incluye sobre el tema es que _____

_____

_____.

Otro hecho es que _____

_____

_____.

**3.** El propósito del autor al escribir este texto es _____

_____

_____.

Nombre _____

**A. Lee el borrador. Usa las preguntas como ayuda para agregar palabras y frases que muestren una opinión.**

---

**Borrador**

La semana pasada mi familia fue al parque. Había basura en el suelo. Quedaba muy feo. Les contamos a nuestros amigos y vecinos. Todos ayudaron a limpiarlo. Ahora el parque está más limpio y agradable.

---

**I.** ¿Qué siente el autor al ver basura en el parque?

**2.** ¿Por qué todos ayudan a juntar la basura?

**3.** ¿Qué sienten todos cuando el parque vuelve a estar limpio?

**B. Ahora revisa el borrador y agrega palabras y frases de opinión para mostrar qué siente el autor sobre el tema.**

_____

_____

_____

_____

_____

_____

Nombre _____

| | | | |
|---|---|---|---|
| acontecimiento | advertencia | brusco | daño |
| destruir | meteorológico | peligroso | prevenir |

**A. Usa lo que sabes sobre el significado de estas palabras para elegir la que corresponda a cada pista. Escribe la palabra sobre la línea.**

1. aviso de peligro inminente _____

2. suceso importante _____

3. deterioro o destrucción _____

4. relativo al clima _____

5. evitar que algo suceda _____

6. que no es seguro _____

7. repentino o rudo _____

8. romper algo para que no pueda usarse _____

**B. Elige una palabra de vocabulario. Escribe una oración donde incluyas esa palabra.**

9. _____

Nombre _____

## Lee "Hoteles de hielo". Completa el organizador gráfico de idea principal y detalles clave.

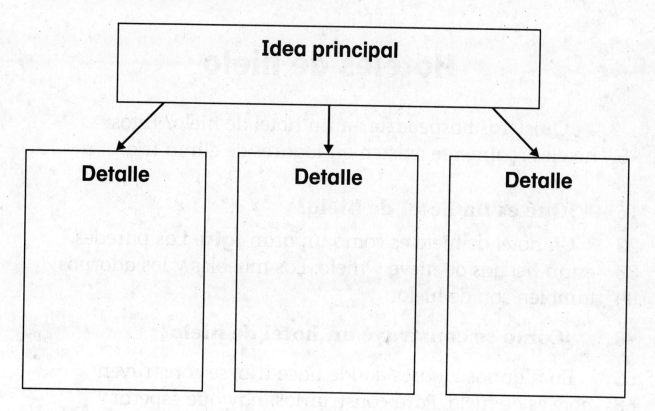

Nombre _____

**Lee el texto. Haz y responde preguntas mientras lees para verificar la comprensión.**

# Hoteles de hielo

¿Quisieras hospedarte en un hotel de hielo? Estos
8 hoteles realmente existen en lugares de clima frío.

16 **¿Qué es un hotel de hielo?**

22 Un hotel de hielo es como un gran **iglú**. Las paredes
33 están hechas de nieve y hielo. Los muebles y los adornos
44 también son de hielo.

48 **¿Cómo se construye un hotel de hielo?**

55 En algunos lugares donde hace frío, se construyen
63 hoteles de hielo. Para construirlos, hay que esperar
71 a que llegue el invierno, porque en el verano hace
81 demasiado calor. Los constructores eligen un lugar cerca
89 de un río congelado. Los obreros cortan muchos bloques
98 de hielo para construir las paredes. Para que los bloques
108 no queden separados, usan una mezcla de nieve y hielo.
118 De este modo, los bloques se mantienen unidos.

126 Cuando terminan de construir las paredes del
133 exterior, los trabajadores construyen el interior. Tallan
140 los bloques de hielo para crear los muebles. También
149 tallan adornos. Todo este trabajo lleva tiempo. Un hotel
158 de hielo grande puede llevar cinco o seis semanas de
168 construcción.

Nombre _____

169 **Hospedarse en un hotel de hielo**

175     Las personas deben abrigarse para hospedarse en un
183 hotel de hielo. La temperatura interna debe permanecer
191 bajo cero. Si la temperatura llega a estar sobre cero, el
202 hielo podría derretirse.

205     La gente usa gruesas bolsas de dormir sobre las
214 camas de hielo. Se sientan en sillas de hielo. Incluso
224 beben de vasos de hielo.

229 **¿Qué le sucede a un hotel de hielo?**

237     Un hotel de hielo permanece solo en pie mientras
246 hace frío. Cuando llega la primavera, el hotel se derrite.
256 El agua regresa al río. Luego, los constructores deben
265 esperar hasta el invierno para que el agua se congele y
276 así construir otro hotel de hielo.

Nombre _____

## A. Vuelve a leer el texto y responde las preguntas.

**I.** ¿Cuál es un detalle clave del texto?

_____

_____

**2.** ¿Cuál es otro detalle clave del texto?

_____

_____

**3.** ¿Cuál es la idea principal del texto?

_____

_____

## B. Trabajen con un compañero o una compañera. Lean el texto en voz alta. Presten atención al fraseo. Deténganse después de un minuto. Completen la tabla.

| | Palabras leídas | − | Cantidad de errores | = | Puntaje: palabras correctas |
|---|---|---|---|---|---|
| Primera lectura | | − | | = | |
| Segunda lectura | | − | | = | |

Nombre _____

# Sequía

Una **sequía** es un largo período de clima seco.
Durante una sequía, llueve muy poco o no llueve.
Sin agua, los cultivos de los granjeros dejan de crecer.
También el **suministro de agua** para las personas es
muy bajo.

### Qué hacer en una sequía

1. Usar solo el agua necesaria.

2. Asegurarse de que los grifos no pierdan.

3. Ducharse rápido.

4. Regar las plantas exteriores y el césped
   solo cuando hace frío.

## Responde las preguntas sobre la selección.

**1.** ¿Cómo sabes que este texto es un texto expositivo?

_____

_____

**2.** ¿Por qué las palabras **sequía** y **suministro de agua** están
en negrilla?

_____

_____

**3.** ¿Qué información obtienes de las notas al margen?

_____

Nombre _____

> Los **antónimos** son palabras que tienen significados opuestos.

**A. Lee cada par de oraciones. Halla las dos palabras que son antónimos. Encierra en un círculo los antónimos y luego, escríbelos sobre las líneas.**

**I.** Para que los bloques no queden separados, usan una mezcla de nieve y hielo. De este modo, los bloques se mantienen unidos.

_____     _____

**2.** Cuando terminan de construir las paredes del exterior, los trabajadores construyen el interior.

_____     _____

**3.** La temperatura interna debe permanecer bajo cero. Si la temperatura llega a estar sobre cero, el hielo podría derretirse.

_____     _____

**4.** Cuando llega la primavera, el hotel se derrite.
Luego, los constructores deben esperar hasta el invierno para que el agua se congele y así construir otro hotel de hielo.

_____     _____

Nombre _____

**Vuelve a leer "Hoteles de hielo". Piensa sobre cómo el autor usó la idea principal y los detalles clave. Usa las palabras y la imagen para completar las oraciones.**

**1.** La idea principal es que _____

_____

_____

_____ .

**2.** El autor incluye como detalle clave que _____

_____

_____

_____ para apoyar la idea principal.

**3.** La ilustración me ayuda a saber _____

_____

_____

_____ .

Nombre _____

**A. Lee el borrador. Usa las preguntas como ayuda para agregar un buen final, que sirva de conclusión.**

---

### Borrador

Un meteorólogo le habla a la gente acerca del tiempo de la zona. Le dice cuánto calor o cuánto frío hace. También puede advertirle sobre el mal tiempo.

---

**1.** ¿Cuál es el tema del texto?

**2.** ¿Cuál es la idea principal?

**3.** ¿Qué información incluirías en una oración de conclusión?

**B. Ahora revisa el borrador y agrega un buen final para resumir el texto e indicar la idea principal.**

_____

_____

_____

_____

_____

_____

_____

Nombre _____

| | | | |
|---|---|---|---|
| concierto | corporal | entender | instrumento |
| música | ovacionar | ritmo | sonido |

**Usa lo que sabes sobre las palabras para elegir la que corresponda a cada oración. Luego, escribe la palabra sobre la línea.**

I. La actividad física frecuente garantiza la salud mental y la salud _____.

2. Mi hermana escucha _____ folclórica.

3. En el _____, la banda tocó mi canción favorita.

4. Uso un diccionario cuando no _____ una palabra.

5. El piano es un _____ que tiene teclas.

6. Mi primo marca el _____ de la canción en el tambor.

7. Un bebé reconoce el _____ de la voz de su madre.

8. La multitud _____ a su equipo favorito.

Nombre _____

## Lee "Crear música". Completa el organizador gráfico de idea principal y detalles clave.

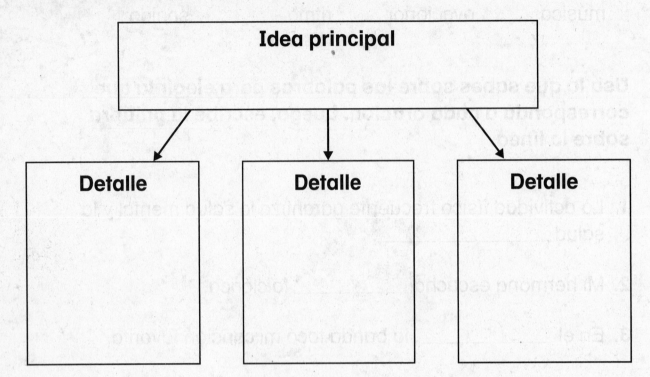

| Idea principal |
| --- |

| Detalle | Detalle | Detalle |
| --- | --- | --- |

Nombre _____

## A. Vuelve a leer el texto y responde las preguntas.

**I.** Menciona un detalle clave sobre el piano incluido en el texto.

_____

_____

**2.** Menciona un detalle clave sobre el violín incluido en el texto.

_____

_____

**3.** ¿Cuál es la idea principal del texto?

_____

_____

## B. Trabajen con un compañero o una compañera. Lean el texto en voz alta. Presten atención a la pronunciación. Deténganse después de un minuto. Completen la tabla.

|  | Palabras leídas | – | Cantidad de errores | = | Puntaje: palabras correctas |
|---|---|---|---|---|---|
| Primera lectura |  | – |  | = |  |
| Segunda lectura |  | – |  | = |  |

Nombre _____

# Calentar la voz

Muchos cantantes calientan la voz antes de cantar. Esto estira los músculos. Tararear es una manera de calentar. Soplar el aire a través de los labios es otra manera. Cantar la escala musical también sirve para calentar la voz.

**Minutos**

| | Tarareo | Labios | Escalas |
|---|---|---|---|
| 15 | | | |
| 10 | | | |
| 5 | | | |
| **Ejercicio de calentamiento** | Tarareo | Labios | Escalas |

**Responde las preguntas sobre la selección.**

1. ¿Cómo sabes que este texto es expositivo?

   _____

   _____

2. ¿Qué información obtienes del gráfico de barras?

   _____

   _____

3. ¿Cuánto tiempo dedican los cantantes a cantar las escalas?

   _____

   _____

Nombre _____

> Para conocer el significado de una palabra nueva, busca un **prefijo**, que es una partícula que se añade, al comienzo de una palabra.
>
> El prefijo **re-** significa "otra vez".
> El prefijo **extra-** significa "fuera de".
> Los prefijos **des-** y **dis-** significan "no" o "lo contrario".

**Lee las oraciones. Subraya la palabra que tenga un prefijo. Luego, escribe la palabra y su significado.**

**1.** Tapas y destapas los orificios con los dedos o con las llaves.

_____

**2.** Tiene una cantidad dispar de pistones; son es.

_____

**3.** Releamos lo que que aprendimo

_____

**4.** Nadie puede estar disconforme.

_____

**5.** ¡Hay un mundo entero de música extraordinaria!

_____

Nombre _____

**Vuelve a leer "Crear música". Piensa en cómo usó el autor la idea principal y los detalles clave. Usa las palabras y la imagen para completar las oraciones.**

**I.** La idea principal es _____

_____

_____

_____ .

**2.** Para apoyar la idea principal, el autor incluye como uno de los

detalles clave _____

_____

_____

_____ .

**3.** El autor incluye el gráfico de barras para explicar _____

_____

_____

_____ .

Nombre _____

**A. Lee el borrador. Usa las preguntas como ayuda para pensar sobre el uso de oraciones de distintas longitudes.**

> **Borrador**
>
> El músico toma el violín. Se prepara para tocar. Afina el violín. Ordena las hojas de la partitura. Toca una canción alegre.

**I.** ¿Qué oración podrías alargar?

**2.** ¿Qué oraciones podrías unir?

**3.** ¿Cómo harías para que las oraciones tengan mayor fluidez?

**B. Ahora revisa el borrador y escribe oraciones de distintas longitudes.**

_____

_____

_____

_____

_____

Nombre _____

| | | | |
|---|---|---|---|
| desplazarse | escalofriante | espeso | estación |
| lugar | nivel | región | templado |

## Elige una palabra de vocabulario que corresponda a cada espacio en blanco. Luego, escribe la palabra sobre la línea.

**1.** Esta área alta del país es la _____ montañosa.

**2.** El _____ del agua del río es muy bajo.

**3.** El salto al vacío de los paracaidistas es _____ .

**4.** El clima es diferente en todas las _____ del año.

**5.** En invierno, algunos animales del bosque se _____ hacia lugares más cálidos.

**6.** La sopa que preparé es demasiado _____ .

**7.** Este _____ es ideal para construir una casa.

**8.** Cuando el clima es _____ no hace demasiado calor ni demasiado frío.

Nombre _____

## Lee "Bosque de secuoyas". Completa el organizador gráfico de comparar y contrastar.

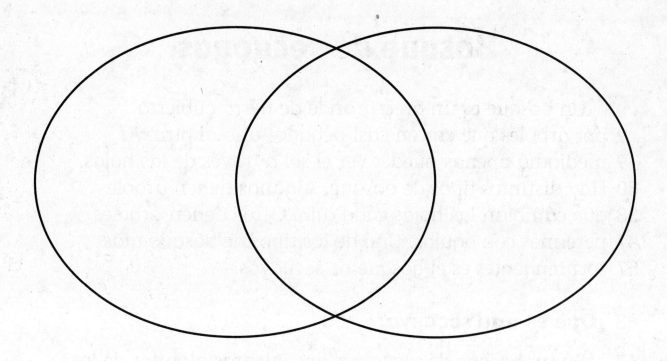

Nombre _____

**Lee el texto. Usa la estrategia de volver a leer para verificar la comprensión de la información nueva o de los datos difíciles.**

# Bosque de secuoyas

Un bosque es un área grande de tierra cubierta
9 por árboles que crecen casi pegados uno al otro. Al
19 mediodía apenas puedes ver el sol a través de las hojas.
30 Hay distintos tipos de bosque. Algunos tienen árboles
38 que cambian las hojas cada año. Otros tienen árboles
47 perennes con agujas. Uno de los tipos de bosque más
57 sorprendentes es el bosque de secuoyas.

63 **¿Qué es una secuoya?**

67     En un bosque de secuoyas, encontrarás algunos de los
76 árboles más altos del mundo. Una secuoya puede medir
85 más de 300 pies. Es tan alta como un rascacielos de 35
97 pisos, un edificio de las grandes ciudades. ¿No te deja
107 boquiabierto?

108     Las secuoyas son algunos de los árboles más antiguos
117 del mundo. Una secuoya puede vivir 2,000 años. Uno
126 de los motivos es que estos árboles pueden resistir los
136 incendios. Su gruesa corteza evita que se quemen. Aún
145 así, se preparan cortafuegos para protegerlos.

Nombre _____

151 **¿Dónde se encuentran las secuoyas?**

156     Los bosques de secuoyas no se encuentran en todos
165 lados. No son todoterreno. California es el único lugar
174 donde crecen en un ambiente natural. Las secuoyas
182 necesitan un clima templado para crecer. La costa de
191 California es un buen lugar.

196     Allí hay niebla casi todos los días. La niebla mantiene
206 la tierra húmeda. También ayuda a que las secuoyas
215 tengan agua. Los árboles absorben el agua de la niebla,
225 y esta va directamente a las hojas.

232     En el pasado, se talaban muchas secuoyas, hasta
240 con motosierras. Estos grandes árboles podrían
246 haber desaparecido. Ahora la mayoría de ellos están
254 protegidos dentro de los parques. Los guardabosques
261 ayudan a cuidarlos. Afortunadamente no podrán ser
268 destruidos nunca más. Las personas son bienvenidas a
276 los parques para conocer estos bosques especiales.

Nombre _____

## A. Vuelve a leer el texto y responde las preguntas.

**I.** ¿En qué se diferencian algunos bosques de otros?

_____

_____

**2.** ¿En qué se parece una secuoya a un rascacielos de 35 pisos?

_____

_____

**3.** ¿En qué se diferencia el pasado del presente de las secuoyas?

_____

_____

## B. Trabajen con un compañero o una compañera. Presten atención a la pronunciación. Deténganse después de un minuto. Completen la tabla.

|  | Palabras leídas | – | Cantidad de errores | = | Puntaje: palabras correctas |
|---|---|---|---|---|---|
| Primera lectura |  | – |  | = |  |
| Segunda lectura |  | – |  | = |  |

Nombre_____

# El oasis de Mara

El oasis de Mara es un lugar con agua en el árido desierto de Mojave. El agua proviene del subsuelo. Allí pueden crecer plantas. En el pasado, grupos de nativos americanos vivieron allí.

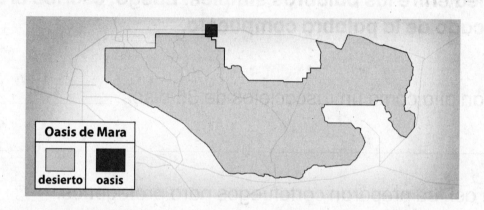

Oasis de Mara

desierto | oasis

## Responde las preguntas sobre la selección.

**1.** ¿Cómo sabes que este texto es informativo?

_____

_____

**2.** ¿Qué es el oasis de Mara?

_____

_____

**3.** ¿Qué te muestra el mapa?

_____

_____

Nombre _____

> Una **palabra compuesta** es una palabra formada por dos o más palabras simples

**Lee las oraciones. Escribe la palabra compuesta y traza una línea entre las palabras simples. Luego, escribe el significado de la palabra compuesta.**

I. Es tan alta como un rascacielos de 35 pisos. _____

_____

2. Aún así, se preparan cortafuegos para protegerlos. _____

_____

3. No son todoterreno. _____

_____

4. Los guardabosques ayudan a cuidarlos. _____

_____

5. En el pasado se talaban muchas secuoyas, hasta con motosierras. _____

_____

Nombre _____

**Vuelve a leer "Bosque de secuoyas". Piensa cómo el autor usó la comparación y el contraste. Usa las palabras y la imagen para completar las oraciones.**

**1.** El autor contrasta _____

_____

_____

_____.

**2.** El autor compara _____

_____

_____

_____.

**3.** Esta comparación me ayuda a comprender _____

_____

_____

_____.

Nombre _____

**A. Lee el borrador. Usa las respuestas como ayuda para pensar en el tema y las ideas que se relacionan con él.**

> ### Borrador
>
> Algunos animales de Nuevo México son diferentes de los de Alaska. No tenemos alces ni caribúes, pero tenemos osos negros y venados. En verano, hace mucho calor. En invierno, hace mucho frío.

**I.** ¿Cuál es el tema del texto?

**2.** ¿Qué ideas se conectan con el tema?

**3.** ¿Qué ideas no se relacionan con el tema?

**B. Ahora revisa el borrador y elimina las oraciones que no se conectan con el tema. Agrega una oración nueva que se conecte con el tema.**

_____

_____

_____

_____

_____

Nombre _____

| activo | arena | explotar | isla |
|--------|-------|----------|------|
| local | propiedad | sólido | Tierra |

**A. Lee las pistas. Luego, busca la palabra de vocabulario en la columna derecha que corresponda a la pista. Traza una línea desde la pista hasta la palabra.**

1. que pertenece a un lugar       **a.** propiedad

2. tierra rodeada de agua       **b.** activo

3. reventarse con ruido y fuerza       **c.** arena

4. partículas de rocas acumuladas
   en la orilla del mar       **d.** isla

5. característica de una cosa       **e.** local

6. en movimiento o en funcionamiento       **f.** Tierra

7. planeta en el que vivimos       **g.** sólido

8. fuerte y firme       **h.** explotar

**B. Elige una palabra de vocabulario. Emplea la palabra en una oración.**

9. _____

_____

Nombre _____

## Lee "Sunamis". Completa el organizador gráfico de causa y efecto.

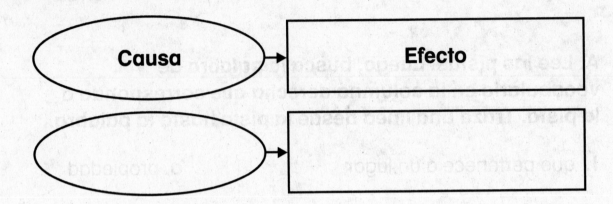

Nombre _____

**Lee el texto. Usa la estrategia de volver a leer para verificar la comprensión de la información nueva o de los datos difíciles.**

# Sunamis

### ¿Qué es un sunami?

4   Habrás visto **olas** gigantes en la playa. ¡Ahora
12  imagina olas que alcanzan una altura de más de 100
22  pies! Los sunamis son un conjunto de olas oceánicas
31  que impactan contra la tierra. Las olas parecen gigantes
40  muros de agua.

43   Los sunamis tienen diferentes **causas**. Una de las
51  causas es un terremoto submarino que hace que el
60  suelo oceánico se mueva y tiemble. Otras causas son los
70  desprendimientos de tierras o los volcanes debajo del
78  agua. Estos fuertes movimientos producen las olas de los
87  sunamis. Las olas se dirigen hacia la costa, la tierra que
98  bordea el océano.

101  Cuando las olas del sunami se originan, pueden
109  medir solo un pie de alto. Se extienden, o llegan, hasta
120  lo profundo del océano.

Nombre _____

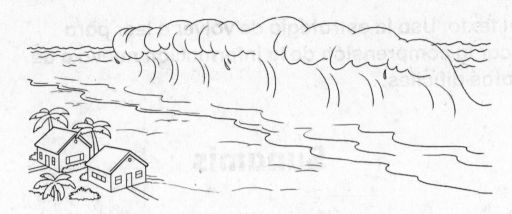

124     Las olas viajan hacia la costa. Las olas pueden
133   desplazarse hasta 500 millas por hora. Son tan veloces
142   como un avión reactor.

146     Cuando las olas alcanzan el agua superficial cerca de
155   la tierra, disminuyen la velocidad. Comienzan a unirse.
163   Esto hace que aumenten la altura. Luego, las enormes
171   olas impactan en la costa.

176  **Daños producidos por los sunamis**

181     Los sunamis causan mucho daño y destrucción.
188   Pueden lastimar a las personas. Pueden destrozar casas
196   y derribar árboles. Pueden provocar inundaciones.
202   Pueden hacer que el agua potable no sea segura.

211  **Advertencia de sunamis**

214     Existen sistemas para advertir, o informar, a las
222   personas que se acerca un sunami. Las personas se
231   enteran de que las enormes olas se aproximan. Eso
240   les permite trasladarse a terrenos más altos para
248   mantenerse a salvo de los sunamis.

Nombre _____

## A. Vuelve a leer el texto y responde las preguntas.

**I.** ¿Qué tres cosas pueden causar un sunami?

_____

_____

**2.** ¿Qué efecto se produce cuando las olas alcanzan el agua superficial cerca de la tierra?

_____

_____

**3.** ¿Qué sucede cuando se les advierte a las personas sobre la llegada de un sunami?

_____

_____

## B. Trabajen con un compañero o una compañera. Presten atención al fraseo. Deténganse después de un minuto. Completen la tabla.

|  | Palabras leídas | − | Cantidad de errores | = | Puntaje: palabras correctas |
|---|---|---|---|---|---|
| Primera lectura |  | − |  | = |  |
| Segunda lectura |  | − |  | = |  |

Nombre _____

# Avalancha

Una **avalancha** es un desprendimiento de nieve. En la cima de una montaña, se desprende un gran **trozo** de nieve. Esta nieve se desliza por la **pendiente** a gran velocidad. Se acumula en la base de la montaña.

**Responde las preguntas sobre la selección.**

**I.** ¿Cómo sabes que este texto es expositivo?

_____

_____

**2.** ¿Por qué las palabras **avalancha, trozo** y **pendiente** están en negrilla?

_____

**3.** ¿Cuál es la causa de una avalancha?

_____

**4.** ¿Cuál es el efecto de una avalancha?

_____

Nombre _____

Observa este ejemplo de **claves de contexto** en una oración. Las palabras subrayadas explican qué significa *altura.*

¡Ahora imagina olas que alcanzan una **altura** de más de 100 pies!

**Lee las oraciones. Escribe el significado de la palabra en negrilla. Subraya las claves de contexto en la oración.**

I. Los **sunamis** son un conjunto de olas oceánicas que impactan contra la tierra.

_____

2. Una de las causas es un **terremoto** submarino que hace que el suelo oceánico se mueva y tiemble.

_____

3. Se **extienden**, o llegan, hasta lo profundo del océano.

_____

4. Las olas se dirigen hacia la **costa**, la tierra que bordea el océano.

_____

5. Los sunamis causan mucho **daño** y destrucción.

_____

Nombre _____

## Vuelve a leer "Sunamis". Piensa en cómo el autor usó la causa y el efecto. Usa las palabras y la imagen para completar las oraciones.

**I.** Una causa de los sunamis es _____

_____

_____ .

**2.** Otra causa de los sunamis es _____

_____

_____ .

**3.** Un efecto de los sunamis es _____

_____

_____ .

**4.** El autor escribió este texto para ayudarme a comprender que

_____

_____ .

Nombre _____

**A. Lee el borrador. Usa las preguntas como ayuda para agregar palabras que indican secuencia.**

---

### Borrador

Algunas playas tienen acantilados empinados. Las olas chocan contra las rocas. El agua arrastra los pedacitos de roca. La cima del acantilado puede caerse al mar.

---

**I.** ¿Qué sucede primero en el proceso de erosión de las playas? ¿Qué sucede después?

**2.** ¿Qué sucede por último?

**3.** ¿Qué palabras que indican secuencia puedes agregar para que el orden de los sucesos sea más claro?

**B. Ahora revisa el borrador y agrega palabras que indican secuencia como *primero, luego, después* y *por último* para que los lectores comprendan el orden de los sucesos.**

_____

_____

_____

_____

_____

_____

Nombre _____

| | | | |
|---|---|---|---|
| común | costumbre | desfile | disfraz |
| favorito | preguntarse | rodeado | viajar |

**Lee la historia. Elige las palabras de vocabulario para completar las oraciones. Luego, escribe las respuestas sobre las líneas.**

Mi familia _____ por todo el país. Dondequiera

que vamos, conocemos diferentes _____ y

celebraciones.

Visitamos una ciudad _____ de tierras

cultivadas. Todos los veranos los ciudadanos se reúnen

en un área _____ para la feria de la cosecha.

También visitamos una ciudad donde hay muchos

_____ en las calles. El acto de los payasos

es mi parte _____. Cada payaso usa un

_____ divertido.

¡Me _____ qué veré la próxima vez!

Nombre _____

## Lee "Agradecer dos veces". Completa el organizador gráfico de comparar y contrastar.

| | | |
|---|---|---|
| | | |
| | | |
| | | |

Nombre _____

**Lee el texto. Usa la estrategia de visualizar para imaginar lo que sucede en la historia.**

# Agradecer dos veces

Era un día fresco de noviembre. El sol tenue pendía en
11  el cielo como una moneda de cobre. Mi amigo Ricardo
21  y yo regresábamos de la escuela caminando. De pronto,
30  sentí una brisa tan aguda como un cuchillo.

38  Ese día, en la escuela, habíamos estudiado el Día
47  de Acción de Gracias. Aprendimos que los antiguos
55  pobladores celebraban la cosecha en esta misma época
63  del año. Realizaban un gran banquete para agradecer
71  todo lo que tenían.

75  —Mi papá compró un pavo tan grande como una
84  almohada. ¿Comerás pavo el Día de Acción de Gracias?
93  —le pregunté a Ricardo.

97  Mientras me respondía, sonrió de oreja a oreja.

105  —Sí, comeremos pavo. ¡Y también arroz!

Nombre _____

111    Ricardo explicó que su familia celebraba el Día de
120 Acción de Gracias del Trabajo. Era una festividad de
129 Japón, donde sus padres habían vivido. Me contó que
138 esta festividad era una celebración de la cosecha, igual
137 que el Día de Acción de Gracias estadounidense.

145    —¡Ambas festividades también son en noviembre! —
151 exclamé.

152    Ricardo me contó que el año pasado se había perdido
162 el Día de Acción de Gracias estadounidense. Estaba
170 en Japón celebrando el Día de Acción de Gracias del
180 Trabajo. Estaba visitando a sus abuelos. Vio desfiles.
188 Había exhibiciones de frutas y verduras, como coloridos
196 arcoíris.

197    —Eran para agradecer las buenas cosechas —explicó
204 Ricardo.

205    —Eres afortunado —dije—. Celebras dos Días de
212 Acción de Gracias.

215    —¿Por qué no nos visitas el Día de Acción de Gracias
226 del Trabajo? ¡Entonces tú también podrás celebrar dos
234 Días de Acción de Gracias!

Nombre _____

## A. Vuelve a leer el texto y responde las preguntas.

**I.** ¿En qué se parecen el Día de Acción de Gracias y el Día de Acción de Gracias del Trabajo?

_____

_____

**2.** ¿En qué se diferencian el Día de Acción de Gracias y el Día de Acción de Gracias del Trabajo?

_____

_____

**3.** ¿Cómo celebran el narrador y Ricardo las festividades?

_____

_____

## B. Trabajen con un compañero o una compañera. Presten atención a la expresividad. Deténganse después de un minuto. Completen la tabla.

|  | Palabras leídas | – | Cantidad de errores | = | Puntaje: palabras correctas |
|---|---|---|---|---|---|
| Primera lectura |  | – |  | = |  |
| Segunda lectura |  | – |  | = |  |

Nombre _____

# Ir a la escuela

Mi nombre es Alba. Yo voy a la escuela en México. Estudio seis materias, incluidas Español e Inglés. A la hora del almuerzo, compro comida en la tienda de la escuela y como al aire libre con mis amigos.

## Responde preguntas sobre la selección.

**1.** ¿Cómo sabes que este texto es una ficción realista?

_____

_____

**2.** ¿Quién está contando la historia? ¿Cómo lo sabes?

_____

_____

**3.** ¿Cuál es un suceso realista que cuenta Alba?

_____

_____

Nombre _____

> Un **símil** compara dos cosas diferentes. Se usan las
> palabras *como y tan... como* para comparar.

**Lee las oraciones. Luego, responde las preguntas.**

I. El sol tenue pendía en el cielo como una moneda de cobre.

¿Qué dos cosas compara el autor? _____

_____

¿Qué significa el símil? _____

_____

2. Mi papá compró un pavo tan grande como una almohada.

¿Qué dos cosas compara el autor? _____

_____

¿Qué significa el símil? _____

_____

3. Había exhibiciones de frutas y verduras, como coloridos arcoíris.

¿Qué dos cosas compara el autor? _____

_____

¿Qué significa el símil? _____

_____

Nombre _____

**Vuelve a leer "Agradecer dos veces". Piensa cómo el autor usó la comparación y el contraste. Usa las palabras y la imagen para completar las oraciones.**

**I.** El autor compara y contrasta _____

_____

_____

_____ .

**2.** Son diferentes porque _____

_____

_____

_____ .

**3.** Se parecen porque _____

_____

_____

_____ .

Nombre _____

**A. Lee el borrador. Usa las preguntas como ayuda para agregar palabras, descripciones y signos de puntuación que muestren los sentimientos del autor.**

---

### Borrador

Querido Franco:

   La semana pasada fui a la celebración del Cinco de Mayo. Había música y baile. Las bandas tocaron música mexicana. La gente usó disfraces. Incluso había comida mexicana.

                                        Tu amigo,

                                        Máximo

---

**1.** ¿Qué siente el autor sobre la celebración?

**2.** ¿Qué palabras pueden describir la música, el baile y los disfraces?

**3.** ¿Dónde puedes agregar signos de puntuación para mostrar qué siente el autor?

**B. Ahora revisa el borrador y agrega palabras, descripciones y signos de puntuación para mostrar qué siente el autor sobre la celebración del Cinco de Mayo.**

_____

_____

_____

Nombre _____

| | | | |
|---|---|---|---|
| alameda | constancia | escena | espesura |
| representar | sabiduría | semejanza | tallo |

**Escribe sobre la línea la palabra de vocabulario que corresponda para completar las oraciones.**

1. La _____ entre estos hermanos es asombrosa.

2. La gran tormenta no pudo quebrar los débiles _____ de las plantas.

3. En esta _____ los actores simulan una pelea.

4. Tomás nunca creyó que alcanzaría la _____ de su maestro.

5. Han puesto más bancos a lo largo de la _____ .

6. La ardilla se perdió en la _____ del bosque.

7. En el teatro del barrio se _____ obras clásicas.

8. Su _____ en el estudio hizo que consiguiera llegar muy lejos.

Nombre _____

## Lee "El coyote trae fuego". Completa el organizador gráfico de tema.

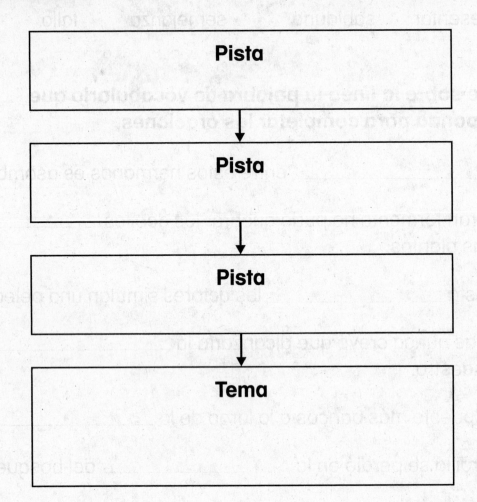

**Pista**

**Pista**

**Pista**

**Tema**

Nombre _____

**Lee el texto. Usa la estrategia de visualizar para imaginar lo que sucede en la obra de teatro.**

# El coyote trae fuego

## Personajes

| | | |
|---|---|---|
| Narrador | Coyote | Ardilla |
| Ardilla listada | Rana | Dos seres de fuego |

**Narrador:** En el pasado, las personas no tenían fuego.
9  El coyote decidió traérselo.

13    (El coyote habla con la ardilla, la ardilla listada y la rana).

25  **Coyote:** Yo sé dónde podemos conseguir fuego. Los seres
34  de fuego lo tienen en su campamento. Tengo un plan
44  factible para llevarme el fuego. ¿Me ayudarán?

51  **Ardilla:** Todos te ayudaremos si nos dices qué debemos
60  hacer.

61  **Coyote:** Síganme silenciosamente.

64    (Los animales se acercan sigilosamente al campamento
71    de los seres de fuego. El coyote toma una ramita con
82    fuego y huye).

85  **Ardilla listada:** ¡Cuidado, Coyote! Los seres de fuego te
94  están persiguiendo. ¡Corre rápido!

98  **Rana:** ¡Los seres de fuego tocaron la punta de la cola
109  del coyote! Ahora el pelaje allí es blanco.

Nombre _____

117 **Ardilla:** Coyote, lánzame el fuego que yo lo atraparé.

126      (El coyote le lanza el fuego a la ardilla).

135 **Coyote:** Ay, Ardilla, atrapaste el fuego con la cola. El
145 calor del fuego ondeó tu cola hacia la espalda.

154 **Ardilla listada:** Ardilla, lánzame el fuego a mí.

162      (La ardilla le lanza el fuego a la Ardilla listada).

172 **Coyote:** ¡Cuidado, Ardilla listada, un ser de fuego está
181 justo detrás de ti!

185 **Rana:** El ser de fuego rasguñó la espalda de la Ardilla
196 listada. Miren las tres rayas en su espalda. ¡Lánzame el
206 fuego a mí, Ardilla listada!

211      (La Ardilla listada le lanza el fuego a la rana. Un ser de
224      fuego atrapa a la rana, pero esta consigue huir. El ser de
236      fuego aún sostiene la cola de la rana).

244 **Ardilla:** ¡Rana, has perdido la cola!

250 **Coyote:** Aquí viene otro ser de fuego. Rana, lanza el
260 fuego hacia el bosque.

264 **Narrador:** Ahora el bosque tiene fuego. El coyote
272 mostró a las personas una destreza útil. Frotó dos
281 ramitas para hacer fuego. A partir de ese día, las
291 personas tuvieron fuego.

Nombre _____

## A. Vuelve a leer el texto y responde las preguntas.

**I.** ¿Qué quiere hacer el coyote para las personas?

_____

_____

**2.** ¿Cómo hacen el coyote y los animales para conseguir fuego?

_____

_____

**3.** ¿Cuál es el tema del texto?

_____

_____

## B. Trabajen con un compañero o una compañera. Lean el texto en voz alta. Presten atención a la expresividad. Deténganse después de un minuto. Completen la tabla.

| | Palabras leídas | – | Cantidad de errores | = | Puntaje: palabras correctas |
|---|---|---|---|---|---|
| Primera lectura | | – | | = | |
| Segunda lectura | | – | | = | |

Nombre _____

# La cola rechoncha del oso

**Zorro:** Oso, mete la cola en este agujero, en el hielo. Así puedes atrapar peces.

(El oso se sienta y pone la cola en el hielo).

**Oso:** Mi cola está fría. Ahora me voy a levantar.

(El oso se levanta. Su cola se desprende. Ahora tiene una cola cortita).

## Responde las preguntas sobre la selección.

**1.** ¿Cómo sabes que este texto es una obra de teatro?

_____

_____

**2.** ¿Por qué el oso metió la cola en el agujero, en el hielo?

_____

_____

**3.** ¿Qué lección aprendió el oso sobre el zorro?

_____

_____

Nombre _____

> Una raíz de palabra es una palabra a la que se agregan otras partes de palabras.

**Lee las oraciones. Encierra en un círculo la raíz de palabra en la palabra en negrilla. Luego, escribe el significado de la palabra en negrilla.**

I. El coyote **decidió** traérselo.

_____

2. Todos te **ayudaremos** si nos dices qué debemos hacer

_____

3. Síganme **silenciosamente**.

_____

4. Los seres de fuego te están **persiguiendo**.

_____

5. Coyote, lánzame el fuego que yo lo **atraparé**.

_____

Nombre _____

**Vuelve a leer "El coyote trae fuego". Piensa cómo el autor incluyó un tema. Usa las palabras y la imagen para completar las oraciones.**

**I.** El coyote quiere _____

_____

porque _____

_____

_____.

**2.** Entonces, el coyote _____

_____

_____.

Lo hace con _____

_____

_____.

**3.** El tema del texto es _____

_____

_____.

Nombre _____

**A. Lee el borrador. Usa las preguntas como ayuda para agregar un nuevo personaje a la obra de teatro.**

> **Borrador**
>
> **Ardilla:** Quiero ir de viaje a recorrer el bosque. Pero no puedo cargar yo sola el agua y los alimentos para la travesía.
>
> **Ciervo:** ¡Yo puedo ayudarte! Si me invitas al viaje, puedo cargar cosas sobre mi lomo.
>
> **Ardilla:** ¡Claro! Será más divertido si vamos juntos.

**I.** ¿Cómo mejorará el viaje de Ardilla si va con su amigo Ciervo?

**2.** ¿Cómo cambiaría el viaje si invitaran a un amigo más?

**3.** ¿De qué otra manera podrían hacer que el viaje sea más fácil y divertido yendo de a tres?

**B. Ahora revisa el borrador y crea un nuevo personaje que haga planes para ir de viaje con Ardilla y Ciervo.**

_____

_____

_____

_____

Nombre _____

| afuera | gustar | tejado | verdor |
|--------|--------|--------|--------|

**A. Elige la palabra de vocabulario que corresponda a cada pista. Escribe la palabra sobre la línea.**

1. resultar algo agradable a alguien _____

2. al aire libre _____

3. color verde, como el de las plantas _____

4. parte superior de una casa cubierta por tejas _____

**B. Completa las oraciones con una palabra de vocabulario.**

5. Jugamos _____ cuando el tiempo está lindo.

6. Me _____ el pastel de manzana que hornea mi mamá.

7. Los gatos caminan por el _____ .

8. Me agrada el _____ de las plantas del jardín.

**C. Elige una palabra de vocabulario. Escribe una oración que contenga esa palabra.**

9. _____

Nombre _____

## Lee "Patinando". Completa el organizador gráfico de tema.

| **Pista** |
| --- |
| |

↓

| **Pista** |
| --- |
| |

↓

| **Pista** |
| --- |
| |

↓

| **Tema** |
| --- |
| |

Nombre _____

**Lee el poema. Usa la estrategia de visualizar para imaginar lo que sucede en el poema.**

# Patinando

La temperatura, bajo cero.

4 El estanque es un espejo

9 muy suave y brillante.

13 Entusiasmada, salgo a patinar

17 por primera vez en este invierno.

23 Soy una hoja tambaleante,

27 aterrizo sobre el hielo.

31 Y allá voy. Pie derecho, luego izquierdo,

38 pie derecho, luego izquierdo.

42 Con mis alas extendidas

46 soy un pájaro sobre el hielo.

52 Hago un giro y vuelvo a comenzar.

59 Levanto mis ojos y, en lo alto,

66 un disco de plata me ilumina.

Nombre _____

| | |
|---|---|
| 72 | Debajo de mis pies, |
| 76 | en el hielo, las burbujas |
| 81 | son perlas de cristal tallado. |
| 86 | El aire helado acaricia mi rostro |
| 92 | e incendia mis mejillas. |
| 96 | Pero no tengo frío. |
| 100 | Con cada vuelta, |
| 103 | se aviva por dentro |
| 107 | un fuego ardiente |
| 110 | que me impide parar. |
| 114 | Giro y salto y giro y vuelvo a saltar. |
| 123 | Todo termina. Una última vuelta y ya está. |

Nombre _____

## A. Vuelve a leer el poema y responde las preguntas.

**1.** ¿Cuál es el ambiente del poema?

_____

_____

**2.** ¿Qué hizo la niña?

_____

_____

**3.** ¿Cuál es el tema del poema?

_____

_____

## B. Trabajen con un compañero o una compañera. Presten atención al fraseo. Deténganse después de un minuto. Completen la tabla.

|  | Palabras leídas | – | Cantidad de errores | = | Puntaje: palabras correctas |
|---|---|---|---|---|---|
| Primera lectura |  | – |  | = |  |
| Segunda lectura |  | – |  | = |  |

Nombre _____

# Día de lluvia

Llueve… llueve… llueve muy fuerte,

yo aquí encerrado, ¡qué aburrimiento!

Ahora caen gotas… gotas… gotas…

¿cuándo podré jugar al aire libre?

Lentamente comienza a parar…

Con alegría, me preparo para salir.

## Responde las preguntas sobre la selección.

**1.** ¿Cómo sabes que este texto es un poema de verso libre?

_____

**2.** ¿Qué palabras repite el poeta en el poema?

_____

**3.** ¿Por qué el poeta usa la repetición?

_____

Nombre _____

> El **lenguaje figurado** le da otro significado a las palabras
> para crear imágenes en la mente del lector.

**Lee los versos y observa el uso del lenguaje figurado en cada caso. Luego, responde las preguntas sobre el significado.**

**I.** El estanque es un espejo
muy suave y brillante.

¿Realmente la niña patina sobre un espejo? ¿Por qué el autor
usa la palabra espejo para referirse al estanque.

_____

_____

**2.** Con mis alas extendidas
soy un pájaro sobre el hielo.

¿Realmente tiene alas la niña? ¿Por qué crees que la niña
habla de tener alas y ser un pájaro?

_____

_____

**3.** se aviva por dentro
un fuego ardiente

¿A qué crees que se refiere la niña cuando menciona el fuego?

_____

_____

Nombre _____

**Vuelve a leer "Patinando". Piensa en cómo el autor incluyó un tema. Usa las palabras y la imagen para completar las oraciones.**

**I.** Los hechos del poema transcurren en _____

_____

_____

_____

durante _____.

**2.** La niña se siente _____

_____

_____

por poder patinar por primera vez en el invierno.

**3.** El tema del poema es _____

_____

_____

_____

_____.

Nombre _____

## A. Lee el borrador. Usa las preguntas como ayuda para pensar qué palabras sensoriales puedes agregar.

> ### Borrador
>
> Una mariposa revolotea
> Sus alas parecen piedras brillantes
> Se detiene sobre una flor

**I.** ¿Cómo se mueve la mariposa?

**2.** ¿Cómo son sus alas?

**3.** ¿De qué color es la flor? ¿Cómo son sus pétalos?
¿Cómo huele?

## B. Ahora revisa el borrador y agrega palabras sensoriales.

_____

_____

_____

_____

_____

Nombre _____

| anaquel | asombrado | combinar | derecho |
| donación | obsequiar | posibilidad | responsabilidad |

**A. Elige la palabra que corresponda a cada pista. Escribe la palabra sobre la línea.**

1. entrega voluntaria de algo que tienes _____

2. unir una cosa con otras _____

3. estante donde se colocan cosas _____

4. regalar algo a alguien _____

5. obligación de hacer algo _____

6. sorprendido, que siente asombro _____

7. circunstancia para que algo suceda _____

8. lo que la ley indica que puedes hacer o tener _____

**B. Elige una palabra de vocabulario. Escribe una oración que contenga esa palabra.**

9. _____

_____

_____

Nombre _____

# Lee "El gatito perdido". Completa el organizador gráfico de punto de vista.

| Personaje | Pista | Punto de vista |
|-----------|-------|----------------|
|           |       |                |
|           |       |                |

Nombre _____

**Lee el texto. Usa la estrategia de resumir para contar los sucesos importantes con tus propias palabras.**

# El gatito perdido

       Un día mi amiga Cora y yo vimos un cartel hecho a

12   mano que estaba fijado en un poste de la calle. El cartel

24   tenía una foto de un gatito y decía: *GATITO PERDIDO.*

34   *Por favor, si encuentras a mi gatito, Botas, llama a Samanta*

45   *al 555-0505.*

47      —Samanta es nuestra vecina, Pamela. Le acaban de

55   regalar un gatito y ahora su mascota está perdida. Me

65   siento mal de no poder hacer nada para ayudarla —dijo

75   Cora tristemente.

77      Yo di mi opinión.

81      —No es imposible. ¡Hay algo que podemos hacer!

89   Podemos pedirles a los vecinos que nos ayuden a buscar

99   a Botas.

101      Le pedimos a mi papá que nos ayudara con el plan

112   de búsqueda en el barrio. Primero, fuimos a hablar con

122   Samanta.

123      Samanta nos explicó lo que había sucedido.

130      —Dejé la puerta trasera abierta por descuido. Botas se

139   escabulló y se escapó corriendo. Y no lo he visto desde

150   ese entonces.

152      —No te preocupes —dije—. Tenemos un plan para

161   ayudarte. Ven con nosotros.

Nombre _____

165    Todos fuimos a la casa de la Sra. López.

174    —Creo que es una idea maravillosa. Son muy
182    bondadosos en ayudar a Samanta a encontrar a Botas.
191    Me complacerá ayudarlos con la búsqueda —dijo
198    después de oír nuestro plan. Entonces se unió al grupo.

208    En cada casa de la cuadra que visitábamos, la
217    respuesta era la misma. Todos los vecinos nos
225    ayudarían gustosamente a buscar a Botas. Papá dividió
233    a los vecinos en grupos y les indicó dónde buscar.

243    Cora y yo llamábamos en voz alta "¡Botas!". De
252    repente oímos un suave maullido cerca de nuestros
260    pies. Allí estaba Botas, agazapado debajo de un
268    arbusto. Extendí la mano y lo llamé en voz baja. Vino
279    lentamente hacia mí y lo alcé en brazos.

287    Cuando le devolvimos a Botas a Samanta, ella estaba
296    muy agradecida. Le dio un abrazo cariñoso a su gatito.

306    —El plan de búsqueda del barrio funcionó. ¡Gracias a
315    todos! —dijo.

Nombre _____

## A. Vuelve a leer el texto y responde las preguntas.

**1.** ¿Cómo se siente Cora al saber del gatito perdido?

_____

_____

**2.** ¿Qué pistas te ayudan a comprender el punto de vista de Cora?

_____

_____

**3.** Al final de la historia, ¿qué pistas te ayudan a comprender el punto de vista de Samanta?

_____

_____

## B. Trabajen con un compañero o una compañera. Lean el texto en voz alta. Presten atención a la entonación. Deténganse después de un minuto. Completen la tabla.

|  | Palabras leídas | – | Cantidad de errores | = | Puntaje: palabras correctas |
|---|---|---|---|---|---|
| Primera lectura |  | – |  | = |  |
| Segunda lectura |  | – |  | = |  |

Nombre _____

# Voluntarios para enseñar a leer

Mi nombre es Darío. Estoy en segundo grado. Los niños de segundo grado sabemos leer. Todos los viernes, visitamos la clase de primer grado de la Srta. Nieves. Yo formo pareja con Javier y lo ayudo a practicar la lectura. Me siento bien ayudando a los demás.

**Responde las preguntas sobre la selección.**

**1.** ¿Cómo sabes que este texto es una ficción realista?

_____

_____

**2.** ¿Quién está contando la historia? ¿Cómo lo sabes?

_____

_____

**3.** ¿Cómo se siente Darío al ayudar a Javier a aprender a leer? ¿Por qué?

_____

_____

Nombre _____

Para conocer el significado de una nueva palabra, busca un **sufijo** o la parte de una palabra que se agrega al final de la palabra.

Los sufijos –*oso* y –*osa* significan "que tiene mucha cantidad de algo".

Los sufijos –*ito* e -*ita* significan "pequeño".

El sufijo –*mente* significa "de determinada manera".

**A. Subraya el sufijo de la palabra en negrilla. Luego, escribe la palabra y su significado.**

**1.** —Me siento mal porque no hay nada que podamos hacer — Cora dijo **tristemente.**

_____

**2.** El cartel tenía una foto de un **gatito**

_____

**3.** Creo que es una idea maravillosa. Son muy **bondadosos** en ayudar a Samanta a encontrar a Botas.

_____

**B. Escribe una palabra que signifique lo mismo que estas frases. La palabra nueva deberá terminar con los sufijos –*mente* u –*oso*.**

**4.** de manera lenta

**5.** que tiene mucho cariño

_____          _____

Nombre _____

**Vuelve a leer "El gatito perdido". Piensa en cómo el autor usó el punto de vista. Usa las palabras y la imagen para completar las oraciones.**

**1.** El punto de vista de Cora es _____

_____

_____

_____ .

**2.** El punto de vista de la narradora es _____

_____

_____

_____ .

**3.** El autor usa distintos puntos de vista para mostrar que _____

_____

_____ .

Nombre _____

**A. Lee el borrador. Usa las preguntas como ayuda para agregar detalles descriptivos.**

---

### Borrador

Nuestra clase ayudó a mejorar el parque. Plantamos muchas cosas. Usamos una pala para cavar pozos para los árboles. Otros niños también ayudaron. El parque quedó hermoso al final del día.

---

**1.** ¿Qué tipo de clase está ayudando a mejorar el parque?

**2.** ¿Cómo es el parque?

**3.** ¿Qué detalles podrían describir los tipos de cosas que la clase plantó? ¿Qué detalles podrían indicar cómo quedó el parque al final del día?

**B. Ahora revisa el borrador y agrega detalles descriptivos que ayuden a los lectores a conocer más a los personajes, el ambiente y los sucesos.**

_____

_____

_____

_____

Nombre _____

| | | | |
|---|---|---|---|
| compañia | cooperar | decidir | dichoso |
| interactuar | moldear | molesto | sentirse |

## Elige la palabra de vocabulario que corresponda para completar cada oración. Luego, escríbela sobre la línea.

1. Los miembros del club de libros hablan e _____ entre sí cuando se reúnen.

2. Los bomberos trabajan juntos, o _____, para apagar el fuego.

3. Mis abuelos se sienten _____ cuando están juntos.

4. El vendaje tan ajustado me hace sentir _____.

5. Mi perro Sam me hace _____ cuando duermo.

6. Camila _____ ponerse el vestido rojo para la fiesta de Navidad.

7. Mi pastel de cumpleaños tiene forma de corazón. Mamá lo _____.

8. _____ alegre es bueno para la salud.

Nombre _____

**Lee "La obra de teatro de la clase". Completa el organizador gráfico de punto de vista.**

| Personaje | Pista | Punto de vista |
|---|---|---|
|  |  |  |
|  |  |  |

Nombre _____

**Lee el texto. Usa la estrategia de resumir para contar los sucesos importantes con tus propias palabras.**

# La obra de teatro de la clase

La clase del Sr. Pérez iba a representar una obra de
11  teatro para la escuela. Eligieron interpretar "La princesa
19  y el leñador".

22      —Hay seis actores en esta obra —dijo el Sr. Pérez —.
33  Necesitaremos voluntarios para que pinten los decorados
40  y ayuden con las luces y la música. Todos tendrán algo
51  para hacer.

53      Al día siguiente, leyeron la obra de teatro.

61      —Yo interpretaré el papel de la princesa. Ese es el más
72  importante y el que lleva vestido más lindo —dijo Luz.

82      —No. Yo quiero interpretar ese papel —dijo Julieta.

90      —Creo que yo interpretaré mejor a la princesa —
98  intervino Sandra.

100     Ninguna quería dar el brazo a torcer. Antes de que la
111  charla se fuera de las manos, el Sr. Pérez tomó cartas en
123  el asunto y dijo:

127     —Debemos ser justos. Ensayaremos y yo lo decidiré.

135     Les explicó que al día siguiente les mostraría los
144  vestidos y que quienes desearan actuar deberían ensayar
152  los papeles. Luego, él decidiría.

157     En el armario estaba guardado el vestuario de la obra.
167  Cuando todos se retiraron, se escuchó un gran alboroto
176  adentro. Se oían voces. Parecía que alguien hablaba
184  hasta por los codos.

Nombre _____

188    —No podemos quedarnos de brazos cruzados o los niños
197 no querrán representar los otros papeles —dijo una voz.

206    —Debemos vernos relucientes —contestó un vozarrón—.
212 Vamos, ¡manos a la obra!

217    ¡Qué barullo! Una voz decía: "alcánzame el botón", y
226 otras: "cuidado, cose ese desgarrón", "sacude el polvo aquí",
235 "esto debe brillar", "el velo va hacia atrás".

243    El bullicio duró varias horas. Pero al amanecer se hizo un
254 gran silencio. No se oía ni el vuelo de una mosca.

265    Al día siguiente, el Sr. Pérez abrió el armario para mostrar
276 el vestuario y se sorprendió.

281    —Creí que tendríamos que arreglar estos vestidos —les
289 dijo a los niños—. Pero miren, ¡están perfectos!

298    La clase los contempló con entusiasmo. Todos habían
306 ensayado los papeles que querían representar. El maestro
314 los escuchó con atención y decidió que Luz interpretaría a la
325 princesa. Repartió los otros papeles entre los demás niños.

334    El día de la representación llovió a cántaros, pero el salón
345 estaba lleno de gente. Todos alabaron el trabajo de los niños
355 y se fijaron especialmente en el vestuario. Cada traje parecía
365 brillar. Lo que nadie sabía era que así los trajes se felicitaban
377 unos a otros por el buen resultado obtenido.

Nombre _____

## A. Vuelve a leer el texto y responde las preguntas.

**I.** ¿Cuál es el punto de vista de Luz sobre quién debería interpretar el papel de la princesa?

_____

_____

**2.** ¿Cuál es el punto de vista de Sandra sobre quién debería interpretar el papel de la princesa?

_____

_____

**3.** ¿Cuál es el punto de vista del Sr. Pérez sobre quién debería interpretar el papel de la princesa?

_____

_____

## B. Trabajen con un compañero o una compañera. Lean el texto en voz alta. Presten atención a la expresividad. Deténganse después de un minuto. Completen la tabla.

| | Palabras leídas | – | Cantidad de errores | = | Puntaje: palabras correctas |
|---|---|---|---|---|---|
| Primera lectura | | – | | = | |
| Segunda lectura | | – | | = | |

Nombre _____

# La mascota de la clase

Marta fue la última en salir. Pompón, la mascota de la clase, la llamó.

—¡Chist, chist! Marta —le dijo.

Marta lo miró sorprendida y se acercó a él.

—¿Qué sucede, amiguito? –contestó Marta—. ¿Necesitas algo?

—¿Podrías darme un gran abrazo? —pidió el conejito tímidamente—. Realmente lo necesito.

Marta lo abrazó y entendió que los animalitos también necesitan cariño.

## Responde las preguntas sobre la selección.

**1.** ¿Cómo sabes que este texto es fantasía?

_____

**2.** ¿Qué elemento visual incluye este texto? ¿Qué es lo que muestra?

_____

**3.** ¿Qué enseñanza deja el texto?

_____

Nombre _____

Un **modismo** es una frase que tiene un significado diferente del significado de cada palabra que la compone.

**Lee las oraciones. Observa el modismo en negrilla. Escribe sobre la línea su significado.**

1. Ninguna quería **dar el brazo a torcer**.

    _____

2. Antes de que la charla **se fuera de las manos**, el Sr. Pérez tomó cartas en el asunto y dijo:

    _____

3. Parecía que alguien **hablaba hasta por los codos**.

    _____

4. **No se oía ni el vuelo de una mosca**.

    _____

5. El día de la representación **llovió a cántaros**, pero el salón estaba lleno de gente.

    _____

Nombre _____

**Vuelve a leer "La obra de teatro de la clase". Piensa en cómo el autor usó el punto de vista. Usa las palabras y la imagen para completar las oraciones.**

**1.** Punto de vista de Luz: _____

_____

_____

_____ .

**2.** Punto de vista de Julieta y Sandra: _____

_____

_____

_____ .

**3.** El autor usa distintos puntos de vista para que los lectores

comprendan que _____

_____

_____

_____ .

Nombre _____

## A. Lee el borrador. Usa las preguntas como ayuda para escribir oraciones de distintas longitudes.

### Borrador

Juan tenía que realizar un proyecto. Era para Ciencias. Él y sus amigos trabajaron juntos. Por eso les llevó poco tiempo. Construyeron un cohete espacial de juguete. Terminaron enseguida.

**I.** ¿Qué oraciones podrías alargar?

**2.** ¿Qué oraciones podrías combinar?

**3.** ¿Cómo harías para que las oraciones sean más fluidas?

## B. Ahora revisa el borrador y escribe oraciones de distintas longitudes.

_____

_____

_____

_____

_____

_____

Nombre _____

| | | | |
|---|---|---|---|
| acordar | barrera | estudiar | héroe |
| honor | intenso | recuerdo | vencido |

**Elige la palabra de vocabulario que corresponda a cada espacio en blanco. Luego, escribe la palabra sobre la línea.**

**1.** Pintamos las paredes de la escuela de verde _____.

**2.** Mi papá me contó hermosos _____ de su infancia.

**3.** La directora de mi escuela _____ reunir fondos para reparar los salones.

**4.** Debes _____ ortografía antes de rendir el examen.

**5.** Los _____ salvaron a muchas personas.

**6.** La _____ se levantó para que el tren pudiera pasar.

**7.** Tuve el _____ de ser el abanderado de segundo grado.

**8.** El equipo _____ tendrá otra oportunidad.

Nombre _____

## Lee "Gabriela Mistral". Completa el organizador gráfico de secuencia.

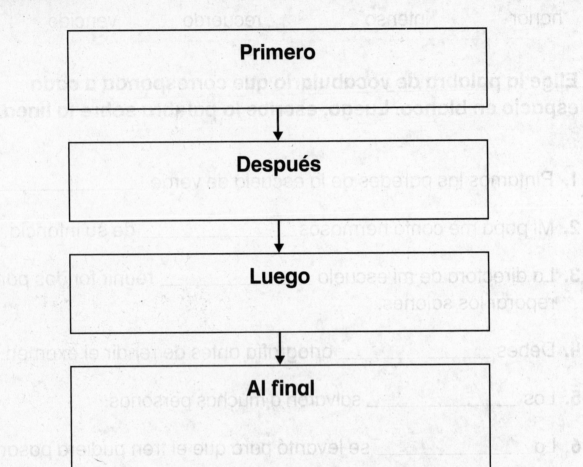

**Primero**

**Después**

**Luego**

**Al final**

Nombre _____

**Lee el texto. Usa la estrategia de resumir para contar los sucesos importantes con tus propias palabras.**

# Gabriela Mistral

Gabriela Mistral fue una poeta que nació en 1889
9 en Vicuña, una localidad pequeña del centro norte de
18 Chile. Su nombre real fue Lucila Godoy Alcayaga, pero
27 eligió este seudónimo en honor a sus poetas favoritos:
36 Gabriel D'Annunzio y Fréderic Mistral.

41 En 1904 fue nombrada profesora ayudante de la
49 Escuela de La Compañía Baja y comenzó a escribir para
59 el diario *El Coquimbo*, de La Serena. Poco tiempo después,
69 escribía de manera continua en este diario y también
78 en *La Voz de Elqui*, de Vicuña. En 1910 obtuvo el título
90 oficial de profesora primaria. En 1914 ganó un concurso
99 llamado los Juegos Florales por sus *Sonetos de la muerte*.
109 En 1922 fue publicada su primera obra y desde entonces
119 viajó por muchos países de América y Europa.

Nombre _____

127     En 1945, el Rey Gustavo I de Suecia le entregó el
138 Premio Nobel de Literatura debido a la calidad y la
148 belleza de sus obras literarias. Pero el premio también
157 fue un reconocimiento por su labor social, dado que
166 dedicó su vida a promover la cultura y a luchar por la
177 justicia social y los derechos humanos. De esta manera,
186 se convirtió en el primer autor latinoamericano y en la
195 primera mujer en ser premiada con el Nobel.

203     Tiempo después enfermó gravemente, por lo que debió
211 mantener reposo en su casa en Nueva York. Falleció
220 debido a un cáncer, el 10 de enero de 1957, a los 67 años
234 de edad.

Nombre _____

## A. Vuelve a leer el texto y responde las preguntas.

**I.** ¿En dónde y en qué año nació Gabriela Mistral?

_____

_____

**2.** ¿Quiénes fueron Gabriel D'Annunzio y Fréderic Mistral?

_____

_____

**3.** ¿Por qué motivo debió hacer reposo en su casa de Nueva York?

_____

_____

## B. Trabajen con un compañero o una compañera. Lean el texto en voz alta. Presten atención al fraseo. Deténganse después de un minuto. Completen la tabla.

| | Palabras leídas | – | Cantidad de errores | = | Puntaje: palabras correctas |
|---|---|---|---|---|---|
| Primera lectura | | – | | = | |
| Segunda lectura | | – | | = | |

# Jesse Owens

Cuando estaba en la escuela secundaria, Jesse Owens se sumó al equipo de atletismo. Rompió **récords** en las carreras. Más tarde, cuando tenía 22 años, Jesse ganó carreras en las **Olimpíadas**. Demostró que todos pueden hacer cosas maravillosas.

| 1913 | 1928 | 1936 | 1976 |
|------|------|------|------|
| Jesse Owens nace | Su carrera atlética comienza durante la escuela secundaria | Gana 4 medallas de oro en las Olimpíadas | Gana la Medalla de la Libertad de Estados Unidos |

## Responde las preguntas sobre la selección.

**1.** ¿Cómo sabes que esta es una biografía?

_____

_____

**2.** ¿Por qué las palabras **récords** y **Olimpíadas** están en negrillas?

_____

**3.** ¿Qué información brinda la línea cronológica?

_____

**4.** ¿Qué le sucedió a Jesse Owens en 1936?

_____

Nombre _____

> Los **sinónimos** son palabras que tienen casi el mismo significado.

**Busca en el texto los sinónimos para las siguientes palabras y escríbelos debajo. Luego, encierra en un círculo la oración en la que la palabra se usa correctamente.**

1. Chica.
   La casa era muy chica. / La perra grande era muy chica.

   _____

2. Periódico.
   Levantó el periódico con la grúa. / Leo el periódico cada tarde.

   _____

3. Hermosura.
   Este paisaje es una hermosura. / Juan y Pablo juegan a una hermosura.

   _____

4. Murió.
   El libró murió un tiempo después. / El actor murió a los 86 años.

   _____

Nombre _____

**Vuelve a leer "Gabriela Mistral". Piensa en cómo el autor usó la secuencia. Usa el texto de la biografía para completar las oraciones.**

**I.** El primer suceso que el autor narra es que _____

_____

_____ .

**2.** Uno de los sucesos más importantes de su vida fue cuando

_____

_____

_____ .

**3.** El último suceso que narra es que _____

_____

_____ .

**4.** Leer los sucesos en secuencia me ayuda _____

_____

_____ .

Nombre _____

**A. Lee el borrador. Usa las preguntas como ayuda para pensar en la secuencia correcta de los sucesos.**

> ### Borrador
>
> Darío creció en la ciudad. De más grande, comenzó a ayudar en la biblioteca. Hoy ayuda a los estudiantes a leer. Cuando era niño, a él le gustaba mucho leer.

**I.** ¿Qué sucedió primero en la vida de Darío?

**2.** ¿Qué sucedió después?

**3.** ¿Qué hace Darío hoy?

**B. Ahora revisa el borrador e incluye los sucesos en la secuencia correcta en la que sucedieron en la vida de Darío.**

_____

_____

_____

_____

_____

_____

Nombre _____

| | | | |
|---|---|---|---|
| boquiabierto | curioso | deshacerse | enorme |
| preservar | provisión | suavemente | tamaño |

**Lee la historia. Elige las palabras de vocabulario para completar las oraciones. Luego, escribe las respuestas sobre las líneas.**

Pablo se sentía _____ por saber sobre el carbón.
Hizo un viaje largo hasta la biblioteca. Allí encontró un libro
_____. Era acerca de los recursos minerales. Como el libro
había sido leído muchas veces, estaba viejo. Pablo tenía miedo
de que las páginas se desprendieran. El libro podría _____.
Para evitarlo, Pablo pasaba las páginas _____.

Quedó _____ al descubrir que hay una _____
de carbón de gran _____ debajo de la tierra. "Tenemos
que _____", pensó.

Nombre _____

## Lee "El concurso de reciclado". Completa el organizador gráfico de problema y solución.

| Problema |
| --- |
| |

↓

| Pasos para la solución |
| --- |
| |

↓

| Solución |
| --- |
| |

Nombre _____

**Lee el texto. Usa la estrategia de hacer predicciones para contar lo que piensas que sucederá luego.**

# El concurso de reciclado

La Sra. Hines era la directora de la Escuela Grover.
10 Todos los días, observaba que los estudiantes botaban
18 a la basura hojas y hojas de papel. Los reunió para
29 hablarles sobre el reciclado.

33 La Sra. Hines les explicó porqué el reciclado era
42 importante. Terminó su discurso de esta manera:
49 "Ayudemos a salvar la Tierra. Si todos ponemos nuestro
58 granito de arena, cambiaremos las cosas".

64 Los estudiantes aplaudieron con entusiasmo y
70 regresaron a sus salones de clase. La Sra. Hines los
80 observó durante los días siguientes. ¡No estaban
87 reciclando! La Sra. Hines tuvo una idea. Intentaría
95 llevar a cabo otro plan.

100 —La Escuela Grover realizará un concurso —anunció
107 a los estudiantes—. La clase que recicle la mayor
117 cantidad de papel durante una semana ganará un
125 premio. El concurso comenzará mañana.

130 —Nuestra clase puede ganar —dijo Pedro. Él estaba
138 en segundo grado.

141 —Intentemos hacer lo mejor que podamos —dijo su
149 maestra, la Sra. Park.

Nombre _____

153    La Sra. Hines le dio a cada clase un cubo para

164    reciclar. Hizo una gran tabla en la pared. Cada

173    vez que una clase llenaba el cubo con papel, debía

183    vaciarlo dentro de un contenedor gigante. La Sra. Hines

192    realizaba el seguimiento del papel en la tabla.

200    Pedro les recordaba a todos sus compañeros de clase

209    que debían reciclar.

212    —Pon ese papel en el cubo especial —les decía si los

223    veía botar papeles. Nunca se olvidaba de reciclar.

231    Al finalizar la semana, la Sra. Hines los reunió otra

241    vez. Les mostró la tabla de reciclado. ¡La clase de Pedro

252    había ganado el concurso!

256    —Este es su premio —dijo—. Tendrán diez minutos

265    más de recreo durante una semana. ¡Pueden disfrutar la

274    Tierra que están ayudando a salvar!

Nombre _____

## A. Vuelve a leer el texto y responde las preguntas.

1. ¿Cuál es el problema en el texto?

_____

_____

2. ¿Cuál es una de las medidas que toma la Sra. Hines para solucionar el problema?

_____

_____

3. ¿Cuál es la solución del problema?

_____

_____

## B. Trabajen con un compañero o una compañera. Lean el texto en voz alta. Presten atención a la entonación. Deténganse después de un minuto. Completen la tabla.

|  | Palabras leídas | – | Cantidad de errores | = | Puntaje: palabras correctas |
|---|---|---|---|---|---|
| Primera lectura |  | – |  | = |  |
| Segunda lectura |  | – |  | = |  |

Nombre _____

# ¡Andemos en bicicleta!

—Vayamos al parque en auto —dijo la mamá.

—Conducir autos puede dañar la Tierra. Entonces, vayamos en bicicleta —dijo Julieta.

A la mamá le gustó el plan de Julieta para proteger la Tierra.

**Responde las preguntas sobre la selección.**

**1.** ¿Cómo sabes que este texto es una ficción?

_____

_____

**2.** ¿Cuál es el diálogo de la mamá en la historia?

_____

_____

**3.** ¿Cuál es el problema?

_____

**4.** ¿Cuál es la solución?

_____

Nombre _____

> Los **homófonos** son palabras que suenan igual, pero tienen diferentes ortografías y significados distintos.

**Lee las oraciones. Elige la definición que corresponda al homófono en negrilla. Escríbela sobre la línea.**

I. **Hizo** una gran tabla en la pared.

realizó algo                          subo algo tirando de una cuerda

_____

2. La Sra. Hines **tuvo** una idea.

pasado del verbo *tener*              pieza hueca y cilíndrica

_____

3. Cada **vez** que una clase llenaba el cubo con papel, debía vaciarlo dentro de un contenedor gigante.

ocasión o tiempo                      percibes por los ojos

_____

4. —Pon ese papel en el cubo especial —les decía si los veía **botar** papeles.

tirar a la basura                     participar en una votación

_____

Nombre _____

**Vuelve a leer "El concurso de reciclado". Piensa en cómo el autor usó el problema y la solución. Usa las palabras y la imagen para completar las oraciones.**

**I.** El problema que el autor presenta es que _____

_____

_____

_____.

**2.** Una medida para solucionarlo es que _____

_____

_____

_____.

**3.** La solución es que _____

_____

_____

_____

_____.

Nombre _____

**A. Lee el borrador. Usa las preguntas como ayuda para agregar palabras de enlace para conectar las ideas.**

## Borrador

Mi familia y yo fuimos al parque para disfrutar de un día al aire libre. Nos sentamos en un lugar. No estábamos contentos. Habían dejado mucha basura allí. Nos mudamos a otro lugar. Estábamos contentos.

I. ¿Por qué la familia se mudó de un lugar a otro?

2. ¿Por qué la familia está contenta en el nuevo lugar al que se mudaron?

3. ¿Qué palabras puedes usar para mostrar que las ideas están bien conectadas?

**B. Ahora revisa el borrador y agrega palabras que conecten las ideas y que ayuden a los lectores a comprender por qué suceden las cosas.**

_____

_____

_____

_____

Nombre _____

| | | | |
|---|---|---|---|
| autor | ciudadano | finalmente | historia |
| redactar | regla | símbolo | unido |

**Lee la historia. Elige las palabras de vocabulario para completar las oraciones. Luego, escribe las respuestas sobre las líneas.**

A través de la _____, el pueblo del Sr. Finch

nunca había tenido una biblioteca. Él quería que todos

pudieran leer libros de grandes _____. El Sr. Finch

pensó: "Necesitamos una biblioteca pública que todos los

_____ puedan usar y que sea el _____ de

este pueblo".

El Sr. Finch siguió las estrictas _____ del pueblo. Se

tomó su tiempo para formar un grupo. Las personas del grupo

estaban _____ en la causa y _____ un

documento en el que solicitaban una autorización para la creación

de la biblioteca. Después de mucho trabajo, el Sr. Finch y su grupo

_____ lograron que se construyera una biblioteca en

el pueblo.

Nombre _____

# Lee "Las reglas de los deportes". Completa el organizador gráfico de causa y efecto.

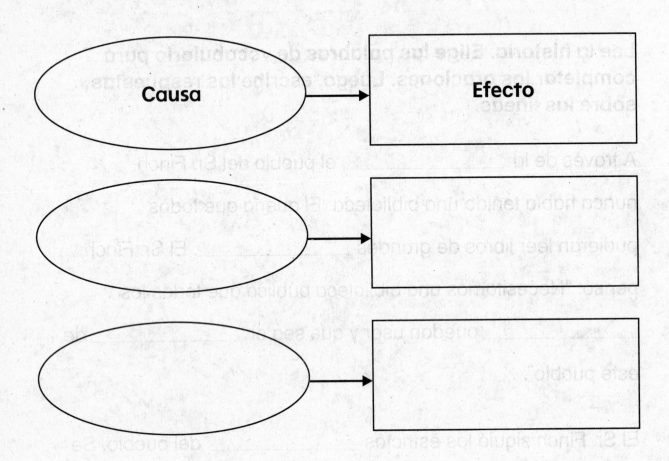

Nombre _____

**Lee el texto. Usa la estrategia de hacer predicciones para imaginar de qué podría tratarse el texto.**

# Las reglas de los deportes

Las reglas son importantes en los deportes. Indican a
9 los jugadores cómo jugar. Indican cómo anotar puntos.
17 Indican cómo se gana un partido. También indican a
26 los jugadores lo que pueden y lo que no pueden hacer.
37 Todos los jugadores deben cumplir las mismas reglas. A
46 veces, un jugador rompe una regla. Entonces, quizás, no
55 se le permita jugar durante todo el partido o parte de él.

67 **Las reglas del baloncesto**

71 ¿Has jugado alguna vez al baloncesto? Si no, el
80 nombre "baloncesto" te da una pista sobre algunas de
89 las reglas. El baloncesto se juega con una pelota en una
100 cancha de baloncesto. Los jugadores anotan puntos al
108 lanzar el balón e introducirlo en un cesto, o un aro.

119 Hay reglas sobre cómo mover la pelota en baloncesto.
128 Los jugadores deben regatear o hacer picar la pelota.
137 También pueden pasar o lanzar la pelota a otro jugador.
147 No pueden retener la pelota y correr con ella. Esto
157 impediría que otros jugadores tengan la oportunidad
164 de obtenerla.

Nombre _____

| Deporte | Cantidad de jugadores | Movimiento de la pelota | Puntuación |
|---|---|---|---|
| béisbol | 9 | lanzar y golpear la pelota con un bate | llegar al cuadrangular para anotar una carrera |
| baloncesto | 5 | regatear y pasar | introducir la pelota en el cesto para anotar puntos |

166 **Las reglas del béisbol**

170     Las reglas del béisbol son diferentes de las reglas
179 del baloncesto. El lanzador de un equipo lanza una
188 pelota al bateador del otro equipo. El bateador tiene
197 tres oportunidades para dar a la pelota con un bate.
207 A veces, el bateador falla al batear. A esto se lo llama
219 "*strike*". Después de tres *strikes*, el bateador queda
227 eliminado. Entonces, es el turno de otro bateador.

235     Tras batear la pelota, el bateador corre por el campo
245 buscando alcanzar cuatro bases. La última base es el
254 cuadrangular. El bateador debe cruzar el cuadrangular
261 para anotar una carrera. El otro equipo intenta eliminar
270 al bateador. Pueden tocarlo con la pelota fuera de la
280 base. Si esto sucede, el bateador no puede anotar una
290 carrera.

291     Sin las reglas, los deportes serían poco claros. Nadie
300 sabría la manera de jugar un partido. ¡Las reglas hacen
310 que los jugadores jueguen limpio!

Nombre _____

## A. Lee el texto y responde las preguntas.

1. ¿Por qué las reglas son importantes en los deportes?

_____

_____

2. ¿Qué sucede cuando un jugador de baloncesto introduce la pelota en el aro?

_____

_____

3. ¿Qué sucede cuando un bateador obtiene tres *strikes* en béisbol?

_____

_____

## B. Trabajen con un compañero o una compañera. Lean el texto en voz alta. Presten atención a la pronunciación. Deténganse después de un minuto. Completen la tabla.

| | Palabras leídas | – | Cantidad de errores | = | Puntaje: palabras correctas |
|---|---|---|---|---|---|
| Primera lectura | | – | | = | |
| Segunda lectura | | – | | = | |

Nombre _____

# Reglas de seguridad

Estas son algunas maneras de mantenerte seguro mientras te diviertes. Cuando andes en bicicleta, usa un casco. Usa un casco y rodilleras cuando andes en monopatín. Si viajas en auto, siempre usa el cinturón de seguridad.

| Actividad | Equipamiento de seguridad |
|---|---|
| andar en bicicleta | |
| andar en monopatín | |
| andar en bote | |
| andar en auto | |

## Responde las preguntas sobre la selección.

I. ¿Cómo sabes que este es un texto expositivo?

_____

2. ¿Qué información aprendes de la tabla?

_____

3. ¿Qué deberías usar cuando vas a pasear en bote?

_____

Nombre _____

> Las **palabras con significados múltiples** tienen más de un significado. Usa otras palabras en la oración para saber qué significado se está usando.

**Lee las oraciones. Elige el significado correcto de la palabra en negrilla. Escríbelo sobre la línea.**

**I.** Las **reglas** son importantes en los deportes.

lo que indica cómo comportarse          instrumento recto para trazar líneas

_____

**2.** Indican cómo **anotar** puntos.

tomar nota de un dato          marcar tantos

_____

**3.** Los jugadores anotan **puntos** al lanzar la pelota e introducirla en un cesto.

signos ortográficos que indican el fin de las oraciones          tantos en un juego

_____

**4.** A veces, un jugador **rompe** una regla.

hace pedazos una cosa          no cumple una norma

_____

**5.** ¡Las reglas hacen que los jugadores jueguen **limpio**!

con honestidad y legalidad          que no tiene suciedad

_____

Nombre _____

## Vuelve a leer "Las reglas de los deportes". Piensa en cómo el autor usó la causa y el efecto. Usa las palabras y la tabla para completar las oraciones.

**I.** Las reglas de los deportes son importantes porque _____

_____

_____

_____ .

**2.** El efecto de que un jugador rompa una regla es _____

_____

_____

_____ .

**3.** La tabla que incluye el autor es útil porque hace que sea fácil

_____

_____

_____

_____ .

Nombre _____

**A. Lee el borrador. Usa las preguntas como ayuda para pensar cómo hacer el texto más informal.**

**Borrador**

Nosotros tenemos una escuela maravillosa porque todos seguimos las reglas. Estas son algunas de las reglas. Caminar por los pasillos. No correr. Respetar a los maestros y a los estudiantes. Disfrutar del aprendizaje diario.

1. ¿Dónde podrías usar palabras más informales?

2. ¿Dónde podrías agregar exclamaciones?

3. ¿Qué oraciones podrías cambiar para que el texto suene más parecido a una conversación natural?

**B. Ahora revisa el borrador y usa una voz más informal, que suene más parecida a una conversación natural.**

_____

_____

_____

_____

Nombre _____

| brillar | cultivo | convertirse | desarrollar |
|---------|---------|-------------|-------------|
| dorado | etapa | sinuoso | susurrar |

## Lee la historia. Elige las palabras de vocabulario para completar las oraciones. Luego, escribe las respuestas sobre las líneas.

El agricultor había intentado sembrar distintos

_____, pero no tenía éxito. "Debo

_____ semillas nuevas", pensó. Entonces, hizo

lo siguiente. Plantó distintas clases de semillas y registró

las diferentes _____ de su crecimiento.

Luego, eligió las mejores semillas y las plantó en

sus campos. Pronto estas se _____ en brotes

verdes. Después de varias semanas, vio crecer trigo

_____. Crecía rápido y _____ a la

luz del sol.

El viento lo hacía _____. El agricultor

recorrió el borde _____ de sus campos,

orgulloso de lo que había hecho.

Nombre _____

## Lee "El concurso de Atenas". Completa el organizador gráfico de tema.

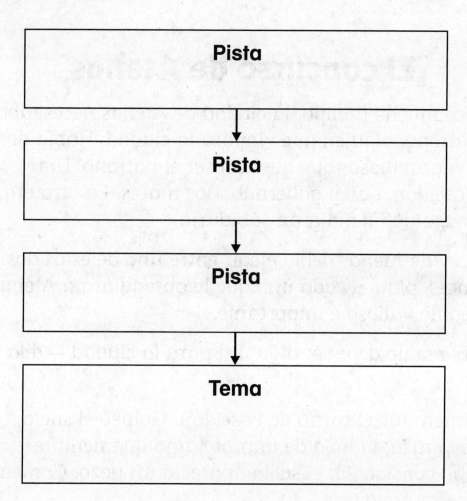

Nombre _____

**Lee el texto. Usa la estrategia de volver a leer para verificar la comprensión de los sucesos de la historia.**

# El concurso de Atenas

Hace mucho tiempo, la ciudad de Atenas necesitaba
8 un patrono, alguien que vigilara la ciudad. Había dos
17 seres maravillosos que querían ser el patrono. Uno
25 era Poseidón, quien gobernaba los mares. La otra era
34 Atenea, quien tenía gran sabiduría.

39 El rey de Atenas debía elegir entre uno de estos dos.
50 Entonces, pidió a cada uno que le obsequiara a Atenas
60 un regalo valioso e importante.

65 —El regalo debe ser algo útil para la ciudad —dijo
75 el rey.

77 Primero fue el turno de Poseidón. Golpeó el suelo
86 con su lanza, la hoja de mango largo que siempre
96 llevaba consigo. En el suelo apareció un pozo. Comenzó
105 a circular agua.

108 El rey fue al pozo rápidamente para probar el agua.
118 Descubrió que el agua era salada como el mar.

127 —Esto no se considerará un regalo para Atenas —
135 afirmó.

Nombre _____

136    Después, llegó el turno de Atenea. Ella también
144 alcanzó el suelo con su lanza. En ese lugar, enterró en
155 el suelo una rama de olivo para que creciera un árbol.
166 El olivo les daría a los habitantes de Atenas alimento,
176 aceite y madera.

179    El rey estaba muy contento por el magnífico regalo
188 de Atenea.

190    —Por habernos dado este olivo, te nombraré patrona
198 de Atenas —declaró.

201    Atenea estaba contenta, pero Poseidón estaba abatido
208 por haber perdido el concurso. Entonces, inundó el
216 terreno con agua de mar. Cuando se tranquilizó, lo vació.

Nombre _____

## A. Vuelve a leer el texto y responde las preguntas.

**I.** ¿Cuál fue el regalo de Poseidón a Atenas? ¿Qué sintió el rey al respecto?

_____

_____

**2.** ¿Cuál fue el regalo de Atenea a Atenas? ¿Qué sintió el rey al respecto?

_____

_____

**3.** ¿Cuál es el tema del texto?

_____

_____

## B. Trabajen con un compañero o una compañera. Lean el texto en voz alta. Presten atención a la expresividad. Deténganse después de un minuto. Completen la tabla.

| | Palabras leídas | – | Cantidad de errores | = | Puntaje: palabras correctas |
|---|---|---|---|---|---|
| Primera lectura | | – | | = | |
| Segunda lectura | | – | | = | |

Nombre _____

# Clitia y Apolo

Apolo era el rey del sol. Clitia adoraba observarlo mientras él se movía por el cielo. Lo observaba tan a menudo que Clitia se transformó en un girasol. Aún hoy los girasoles giran hacia el sol.

## Responde las preguntas sobre la selección.

**I.** ¿Cómo sabes que este texto es un mito?

_____

_____

**2.** ¿Quién es Apolo?

_____

**3.** ¿Por qué Clitia miraba hacia el cielo?

_____

**4.** ¿Qué explica el mito?

_____

_____

Nombre _____

> Observa este ejemplo de **claves de contexto** en una oración. Las palabras subrayadas ayudan a explicar lo que significa *elegir*.
>
> El rey de Atenas debía **elegir** <u>entre uno de estos dos</u>.

**Lee las oraciones. Escribe el significado de la palabra en negrilla. Subraya las claves de contexto en la oración.**

**I.** Hace mucho tiempo, la ciudad de Atenas necesitaba un **patrono**, alguien que vigilara la ciudad.

_____

**2.** Entonces, le pidió a cada uno que le obsequiara a Atenas un regalo **valioso** e importante.

_____

**3.** Alcanzó el suelo con su **lanza,** la hoja de mango largo que siempre llevaba consigo.

_____

**4.** En ese lugar, **enterró** en el suelo una rama de olivo para que creciera un árbol.

_____

**5.** Atenea estaba contenta, pero Poseidón estaba **abatido** por haber perdido el concurso.

_____

Nombre _____

**Vuelve a leer "El concurso de Atenas". Piensa en cómo usó el autor el tema. Usa las palabras y la imagen para completar las oraciones.**

**I.** Cuando Poseidón le entregó su regalo a Atenas, _____

_____

_____ .

porque _____

_____

_____ .

**2.** Cuando Atenea le entregó su regalo a Atenas, _____

_____

_____ .

porque _____

_____

_____ .

**3.** El tema del texto es: _____

_____

_____ .

Nombre _____

**A. Lee el borrador. Usa las preguntas como ayuda para agregar un principio interesante.**

---

**Borrador**

Había una vez una flor. Estaba en un bosque. Necesitaba lluvia.

---

**l.** ¿Cómo es la flor? ¿Qué siente y cómo actúa?

**2.** ¿Cómo es el bosque?

**3.** ¿Qué problema podría tener la flor?

**B. Ahora revisa el borrador y escribe un principio interesante que describa el personaje, el ambiente y un problema.**

_____

_____

_____

_____

_____

_____

_____

Nombre _____

| electricidad | energía | extraer | fluir |
|---|---|---|---|
| generador | silencioso | solar | subterráneo |

**Usa lo que sabes sobre las palabras para elegir la que corresponda a cada oración Luego, escribe la palabra sobre la línea.**

1. El aceite de oliva se _____ de las aceitunas.

2. Podemos obtener _____ al comer alimentos saludables.

3. El salón de clase estaba _____ durante el examen.

4. La electricidad viene de un _____ que tenemos en el patio.

5. Los gusanos construyen hogares _____.

6. Un río _____ por el medio de la ciudad.

7. Mi abuelo instaló un panel _____ en el techo de su casa para aprovechar la energía del Sol.

8. No podemos encender una luz si no hay _____.

Nombre _____

## Lee "La energía oceánica". Completa el organizador gráfico de propósito del autor.

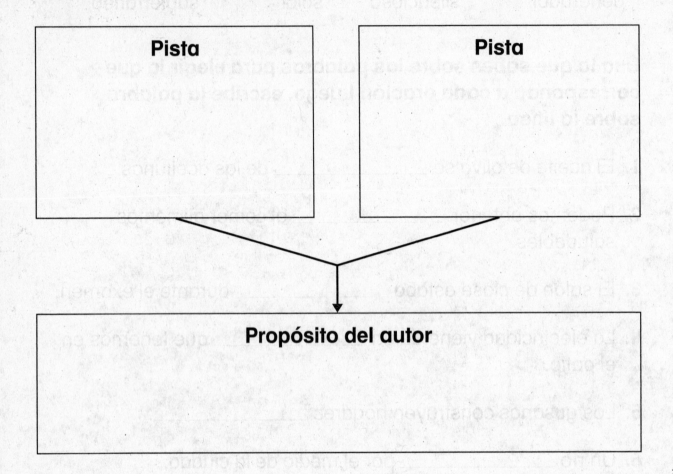

Nombre _____

**Lee el texto. Usa la estrategia de volver a leer para verificar la comprensión de la información nueva o difícil.**

# La energía oceánica

Todos los días usamos energía para realizar tareas.
8   Con la energía podemos encender la luz, calentar
16  nuestros hogares, cocinar la comida y encender una
24  computadora. Gran parte de la energía proviene del
32  carbón, del petróleo y del gas. Otra parte proviene del
42  Sol y del viento. Incluso algún día tal vez podamos
52  obtener energía del océano.

56  Sí, la energía puede provenir del océano. En la
65  actualidad, no hay muchas centrales eléctricas
71  oceánicas. Sin embargo, es una gran fuente de energía.

80  **La energía de las mareas**

85  El océano tiene mareas altas y bajas. Esto significa
94  que el agua sube y baja cada doce horas. Esta energía de
106 las mareas puede usarse para producir electricidad.

113 Cuando la marea alta fluye hacia la costa, el agua
123 se retiene detrás de un dique. El agua se almacena en
134 una gran pileta. Cuando se producen las mareas bajas,
143 el agua que está detrás del dique se libera. El agua que
155 circula velozmente activa una máquina en el interior del
164 dique. Esta máquina produce electricidad.

Nombre _____

**La energía de las olas**

169

174     En el océano, el agua siempre está en movimiento. El
184 movimiento de las olas oceánicas puede hacer funcionar
192 una máquina construida para producir energía. Las
199 olas suben y bajan dentro de la máquina. Hacen girar
209 partes de la máquina. La máquina produce electricidad.

**La energía térmica**

217

220     La temperatura del agua en la superficie del océano
229 es más cálida que en el fondo. Esto sucede porque el Sol
241 calienta el agua de la capa superior. En lo profundo, el
252 agua es muy fría.

256     Esta diferencia de temperatura crea energía térmica.
263 Una central eléctrica usa esta energía térmica para
271 producir electricidad.

273     El océano es una enorme fuente de energía. Tal vez,
283 algún día, el mundo funcionará con energía oceánica.

Nombre _____

## A. Vuelve a leer el texto y responde las preguntas.

I. ¿De qué trata este texto?

_____

_____

2. Menciona un dato que incluye el autor sobre la energía oceánica.

_____

_____

3. ¿Qué otro dato incluye el autor sobre la energía oceánica?

_____

_____

4. ¿Cuál es el propósito del autor al escribir este texto?

_____

_____

## B. Trabajen con un compañero o una compañera. Lean el texto en voz alta. Presten atención a la entonación. Deténganse después de un minuto. Completen la tabla.

|  | Palabras leídas | – | Cantidad de errores | = | Puntaje: palabras correctas |
|---|---|---|---|---|---|
| Primera lectura |  | – |  | = |  |
| Segunda lectura |  | – |  | = |  |

Nombre _____

# Cada lata cuenta

Reciclar una lata significa que el mismo material puede usarse otra vez. La energía no se desperdicia en fabricar nuevos materiales para hacer una lata nueva. La energía que se ahorra al reciclar una lata puede hacer funcionar un televisor durante tres horas.

Recicla una lata → Se usa menos energía → La energía ahorrada hace funcionar un televisor

## Responde las preguntas sobre la selección.

**1.** ¿Cómo sabes que este texto es expositivo?

_____

_____

**2.** ¿Por qué es importante reciclar latas?

_____

**3.** ¿Qué información muestra el diagrama?

_____

_____

**4.** ¿Qué acción describe el primer rótulo?

_____

_____

Nombre _____

> Observa este ejemplo de **claves del contexto** en un párrafo. Las palabras subrayadas ayudan a explicar el significado de *energía.*
>
> Todos los días usamos **energía** para <u>realizar tareas</u>. Con la energía, podemos <u>encender la luz, calentar nuestros hogares, cocinar la comida y encender una computadora</u>.

**Lee los párrafos. Escribe el significado de la palabra en negrilla. Subraya las claves del contexto.**

**I.** Sí, la energía puede provenir del océano. En la actualidad, no hay muchas centrales eléctricas oceánicas. Sin embargo, el océano es una gran **fuente** de energía.

_____

**2.** El océano tiene **mareas** altas y bajas. Esto significa que el agua sube y baja cada doce horas. Esta energía de las mareas puede usarse para producir electricidad.

_____

**3.** El movimiento de las olas oceánicas puede encender una máquina construida para producir energía. Las olas suben y bajan dentro de la máquina. Hacen girar partes de la máquina. La máquina produce **electricidad**.

_____

**4.** La temperatura del agua en la **superficie** del océano es más cálida que en el fondo. Esto sucede porque el Sol calienta el agua de la capa superior. En lo profundo, el agua es muy fría.

_____

Nombre _____

**Vuelve a leer "La energía oceánica". Piensa en cómo usó el autor el propósito del autor. Usa las palabras y la imagen para completar las oraciones.**

**I.** El autor escribió la parte llamada "La energía de las mareas" para

_____

_____ .

**2.** El autor escribió la parte "La energía de las olas" para

_____

_____ .

**3.** El autor escribió la parte "La energía térmica" para explicar

_____

_____ .

**4.** El propósito del autor al escribir este texto es

_____

_____ .

Nombre _____

## A. Lee el borrador. Usa las preguntas como ayuda para agregar palabras de contenido.

### Borrador

Una radio necesita algo para hacerla funcionar. Puede funcionar con electricidad. También, puede funcionar a pilas. Algunas radios tienen un panel solar para cargar las pilas.

**I.** ¿Qué palabras de contenido puedes agregar para dar información sobre una radio?

**2.** ¿Qué palabras de contenido puedes agregar para dar información sobre la electricidad?

**3.** ¿Qué palabras de contenido puedes agregar para dar información sobre una pila?

## B. Ahora revisa el borrador y agrega palabras de contenido relacionadas con radios, electricidad y pilas.

_____

_____

_____

_____

_____

Nombre _____

| buceador | equipo | exploración | máquina |
| nave | preparar | reparar | traje |

## Elige la palabra de vocabulario que corresponda para completar cada oración. Luego, escribe la palabra sobre la línea.

1. Las cortadoras de césped son _____ que facilitan conservar el césped en buenas condiciones.

2. Un _____ se sumerge en el océano para explorar su fauna y su flora.

3. Necesito _____ esta computadora averiada.

4. La _____ pirata arribó al puerto con un gran tesoro.

5. Los científicos planearon una _____ por el bosque tropical.

6. ¿Cómo te _____ para tu día de campo?

7. Mi papá siempre se viste de _____ para las reuniones de trabajo.

8. Es bueno trabajar en _____ cuando tienes que realizar alguna tarea demasiado grande para ti solo.

Nombre _____

**Lee "Un equipo antártico". Completa el organizador gráfico de idea principal y detalles clave.**

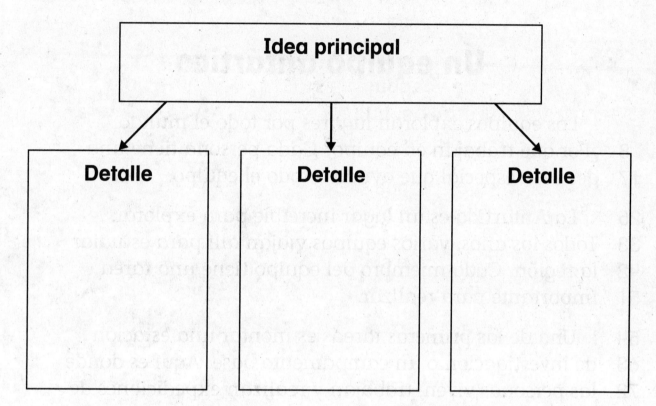

Nombre _____

**Lee el texto. Usa la estrategia de resumir para contar las ideas importantes con tus propias palabras.**

# Un equipo antártico

     Los equipos exploran lugares por todo el mundo.

8 ¿Por qué trabajan en equipo? Cada persona tiene una

17 destreza especial que ayuda a todo el equipo.

25     La Antártida es un lugar increíble para explorar.

33 Todos los años, varios equipos viajan allí para estudiar

42 la región. Cada miembro del equipo tiene una tarea

51 importante para realizar.

54     Una de las primeras tareas es montar una estación

63 de investigación o un campamento base. Aquí es donde

72 las personas viven, trabajan y realizan expediciones de

80 estudio. Algunos miembros del equipo construyen los

87 refugios del campamento.

90     Al campamento se puede llegar por aire. Los pilotos

99 conducen aeronaves y helicópteros. Transportan

104 personas y equipos al campamento.

Nombre _____

**Un avión lleva a los miembros del equipo de regreso a sus hogares.**

109    Los científicos trabajan como parte del equipo para
117  aprender más sobre la Antártida. Cada científico lleva
125  a cabo un proyecto diferente. Algunos estudian la
133  vida vegetal. Otros se dedican a la zoología. Algunos
142  estudian el clima y el tiempo. Otros, los glaciares.

151    Los demás miembros del equipo se encargan de
159  cuidar los refugios y los vehículos. Algunos inspeccionan
167  el sistema eléctrico del campamento para asegurarse de
175  que funcione. Otros reparan los equipos averiados.

182    Un médico y una enfermera cuidan a los miembros
191  enfermos. Hay bomberos, quienes trabajan para evitar
198  los incendios.

200    Explorar la Antártida no es una tarea para una sola
209  persona. Debe formarse un equipo. Y todos los miembros
218  deben realizar las tareas que mejor saben hacer.

Nombre _____

## A. Vuelve a leer el texto y responde las preguntas.

**1.** ¿Cuál es un detalle clave del texto?

_____

_____

**2.** ¿Cuál es otro detalle clave del texto?

_____

_____

**3.** ¿Cuál es la idea principal del texto?

_____

_____

## B. Trabajen con un compañero o una compañera. Lean el texto en voz alta. Presten atención a la pronunciación. Deténganse después de un minuto. Completen la tabla.

| | Palabras leídas | − | Cantidad de errores | = | Puntaje: palabras correctas |
|---|---|---|---|---|---|
| Primera lectura | | − | | = | |
| Segunda lectura | | − | | = | |

Nombre _____

# Un mamut bebé

En Rusia, un pastor de renos halló el cuerpo de un mamut bebé. Lo trasladaron a un museo. Los científicos de todo el mundo lo estudiaron. Lo enviaron a Japón para analizarlo. Los científicos intentaron aprender todo lo que fuera posible sobre él.

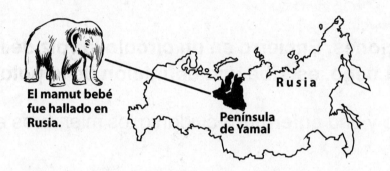

El mamut bebé fue hallado en Rusia.

Rusia

Península de Yamal

## Responde las preguntas sobre la selección.

**1.** ¿Cómo sabes que este es un texto expositivo?

_____

_____

**2.** ¿Cómo se trabajó en equipo cuando se halló el mamut bebé?

_____

_____

**3.** ¿Qué aprendes del mapa?

_____

_____

Nombre _____

> Puedes conocer el significado de las palabras desconocidas al observar las **raíces de las palabras.** Algunas palabras del idioma español tienen **raíces griegas o latinas**.
>
> | | |
> |---|---|
> | aero = aire | zoo = animal |
> | enferm = enfermo | spec = mirar |

**Lee las oraciones. Encierra en un círculo la raíz de la palabra en negrilla. Luego, escribe una definición de la palabra.**

I. Un médico y una **enfermera** cuidan a los miembros enfermos.

_____

2. Otros se dedican a la **zoología**.

_____

3. Los pilotos conducen **aeronaves** y helicópteros.

_____

4. Algunos **inspeccionan** el sistema eléctrico del campamento para asegurarse de que funcione.

_____

Nombre _____

**Vuelve a leer "Un equipo antártico". Piensa en cómo usó el autor las características del texto para apoyar la idea principal. Usa las palabras y la foto para completar las oraciones.**

I. El autor incluye _____ para

mostrar _____

_____

_____ .

2. El autor también incluye _____

como una característica del texto.

Esta característica del texto me ayuda a comprender _____

_____

_____

_____ .

3. El texto y las características del texto apoyan la idea principal.

La idea principal es que _____

_____ .

Nombre _____

**A. Lee el borrador. Usa las preguntas como ayuda para agregar detalles que apoyen la idea principal.**

---

### Borrador

El trabajo en equipo es importante para los exploradores de la selva. Hay muchas tareas para los miembros del equipo. Un miembro del equipo lee los mapas para que los demás sepan dónde están.

---

**I.** ¿Por qué un equipo necesita mapas?

**2.** ¿Qué otras clases de tareas podrían realizar los miembros del equipo?

**3.** ¿Qué otros detalles puedes agregar para demostrar por qué el trabajo en equipo es importante?

**B. Ahora revisa el borrador y agrega detalles que apoyen y expliquen la idea principal del trabajo en equipo.**

_____

_____

_____

_____

Nombre _____

| | | | |
|---|---|---|---|
| comprar | inventar | plata | precio |
| registro | sistema | valer | valorar |

**A. Elige la palabra de vocabulario que corresponda a cada pista. Escribe la palabra sobre la línea.**

1. tener algo un determinado precio, costar _____

2. datos que se escriben sobre algo _____

3. crear algo que antes no existía _____

4. lo que debes pagar para comprar algo _____

5. plan o conjunto de reglas para hacer algo _____

6. darle valor a algo _____

7. billetes y monedas que puedes usar para comprar algo

_____

8. obtener algo al pagar dinero _____

**B. Elige una palabra de vocabulario. Escribe una oración que contenga esa palabra.**

9. _____

_____

_____

Nombre _____

## Lee "Cómo hacer un presupuesto". Completa el organizador gráfico de problema y solución.

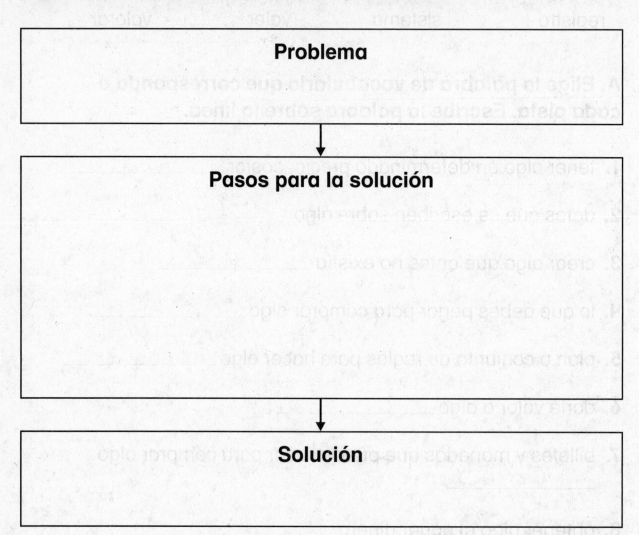

**Problema**

↓

**Pasos para la solución**

↓

**Solución**

Nombre _____

**Lee el texto. Usa la estrategia de resumir para contar las ideas importantes con tus propias palabras.**

# Cómo hacer un presupuesto

Ganas algo de dinero, pero lo gastas todo y no te
11 queda nada. ¿Qué puedes hacer para controlarlo?
18 Puedes hacer un presupuesto para administrar tu
25 dinero.

26 **¿Qué es un presupuesto?**

30 Un presupuesto es un plan para mantener un registro
39 del ingreso y de la salida del dinero. El gobierno tiene
50 un presupuesto. Muchas familias tienen un presupuesto.
57 Tú también puedes tener un presupuesto.

63 **Ingresos**

64 Primero piensa en el dinero que obtienes. ¿De dónde
73 proviene? Quizás, obtengas una mesada, ganes dinero
80 por un trabajo o te lo den como un regalo. Todo el
92 dinero que obtienes se llama "ingresos".

98 **Gastos**

99 Ahora piensa en el dinero que necesitas gastar. ¿A
108 dónde va el dinero? Quizás, debas comprar el almuerzo
117 o pagar clases de música. El dinero que gastas se llama
128 "gastos".

Nombre _____

129 **Gastar dinero**

131     Resta los gastos de los ingresos. El monto que queda
141 es el dinero que puedes gastar en lo que quieras. Sin
152 embargo, tal vez, no tengas el dinero suficiente como
161 para comprar algo que quieres.

166     Esto es lo que puedes hacer. Proponte un objetivo
175 de ahorro para lo que quieras comprar. Cada vez
184 que obtienes dinero, aparta una porción, o parte, de
193 él. Quizás, debas ahorrar durante algunas semanas
200 o algunos meses. Esto dependerá del costo de lo que
210 quieras comprar. Sigue ahorrando hasta alcanzar tu
217 objetivo. Luego, podrás comprar lo que quieres.

224     Muchas personas hacen un presupuesto para
230 administrar su dinero. Tú puedes hacer un presupuesto
238 para que tu dinero te alcance. Un presupuesto te
247 ayudará a pagar tus gastos y a ahorrar dinero para
257 comprar todo lo que quieres.

Nombre _____

## A. Vuelve a leer el texto y responde las preguntas.

**I.** ¿Qué problema se describió en el primer párrafo del texto?

_____

_____

**2.** ¿Cuál es uno de los pasos para resolver el problema?

_____

_____

**3.** ¿Cuál es la solución al problema?

_____

_____

## B. Trabajen con un compañero o una compañera. Lean el texto en voz alta. Presten atención a la entonación. Deténganse después de un minuto. Completen la tabla.

|  | Palabras leídas | − | Cantidad de errores | = | Puntaje: palabras correctas |
|---|---|---|---|---|---|
| Primera lectura |  | − |  | = |  |
| Segunda lectura |  | − |  | = |  |

Nombre _____

# Cómo pagamos

### El dinero en la actualidad
Hoy las personas usan billetes y monedas
para pagar algo. Eso puede cambiar.

### El dinero en el futuro
Quizás, no haya billetes
ni monedas. Tal vez,
se pueda pagar solo
por medio de una
computadora o de
un teléfono celular.

## Responde las preguntas sobre la selección.

**I.** ¿Cómo sabes que este es un texto expositivo?

_____

_____

**2.** ¿De qué trata la primera parte del texto?

_____

_____

**3.** ¿Qué puedes saber de la segunda parte del texto cuando lees
el subtítulo?

_____

_____

Nombre _____

> Observa este ejemplo de **claves de contexto** dentro de un párrafo. Las palabras subrayadas ayudan a explicar lo que significa *restar.*
>
> **Resta** los gastos de los ingresos. <u>El monto que queda</u> es el dinero que puedes gastar en lo que quieras.

**Lee los párrafos. Escribe el significado de la palabra en negrilla. Subraya las claves del contexto.**

I. Ganas algo de dinero, pero lo gastas todo y no te queda nada. ¿Qué puedes hacer para controlarlo? Puedes hacer un presupuesto para **administrar** tu dinero.

_____

2. Un **presupuesto** es un plan para mantener un registro del ingreso y la salida del dinero. El gobierno tiene un presupuesto. Muchas familias tienen un presupuesto. Tú también puedes tener un presupuesto.

_____

3. Primero piensa en el dinero que obtienes. ¿De dónde proviene? Quizás, obtengas una mesada, ganes dinero por un trabajo o te lo den como un regalo. Todo el dinero que obtienes se llama **"ingresos"**.

_____

4. Ahora piensa en el dinero que necesitas gastar. ¿A dónde va el dinero? Quizás, debas comprar el almuerzo o pagar clases de música. El dinero que gastas se llama **"gastos"**.

_____

Nombre _____

**Vuelve a leer "Cómo hacer un presupuesto". Piensa en cómo usó el autor el problema y la solución. Usa las palabras y la imagen para completar las oraciones.**

I. El problema que el autor presenta es _____

_____

_____.

2. La solución que el autor presenta es _____

_____

_____.

3. Cuando el autor explica los pasos de la solución en secuencia,

me ayuda a comprender _____

_____.

Nombre _____

**A. Lee el borrador. Usa las preguntas como ayuda para agregar un buen final.**

---

**Borrador**

Las personas pueden ahorrar dinero en un banco. Pueden sacar dinero de un cajero automático del banco. También la gente puede usar los bancos para pagar sus cuentas.

---

**1.** ¿Cuál es el tema del texto?

**2.** ¿Cuál es la idea principal?

**3.** ¿Qué información podrías incluir en una oración final?

**B. Ahora revisa el borrador y escribe un buen final que resuma la idea principal.**

_____

_____

_____

_____

_____

_____

Nombre _____

| armonía | dibujar | imaginación | poeta |
|---------|---------|-------------|-------|

## A. Elige la palabra de vocabulario que corresponda a cada pista. Escríbela sobre la línea.

1. trazar una figura sobre una superficie _____

2. combinación agradable de sonidos _____

3. persona que escribe poemas _____

4. capacidad para formar ideas en la mente _____

## B. Completa las oraciones con una palabra de vocabulario.

5. La _____ de las voces del coro de la escuela nos maravilló.

6. Todos los niños _____ a sus mascotas.

7. Usa tu _____ para inventar una historia y escribirla.

8. En esta clase, estudiaremos la poesía de los grandes _____ del siglo XX.

## C. Elige una palabra de vocabulario. Escribe una oración que contenga esa palabra.

9. _____

Nombre _____

## Lee "Creciendo en un día". Completa el organizador gráfico de punto de vista.

| Personaje | Pista | Punto de vista |
|-----------|-------|----------------|
|           |       |                |
|           |       |                |

Nombre _____

**Lee el poema. Usa la estrategia de resumir para volver a contarlo con tus propias palabras.**

# Creciendo en un día

Si en un solo día pudiera crecer

7 ¿Qué trabajo podría yo hacer?

12 Podría ser un maestro. Sí, me gustaría enseñar,

20 para que los estudiantes pudieran aprender y aprobar.

28 Los niños serían un ejército de hormiguitas laboriosas

36 yendo a clase, muy airosas.

41 Sus sonrisas, brillantes y cálidos soles,

47 llenarían de luz todos los rincones.

53 O quizá podría ser un gran cocinero.

60 Mis cuchillas serían un rayo certero

66 cortando a toda velocidad alimentos saludables

72 para dar de comer a todos con dedicación y esmero.

Nombre _____

| | |
|---|---|
| 82 | ¿Y si fuera un valiente bombero? |
| 88 | Apagaría todos los incendios |
| 92 | con nervios de acero. |
| 96 | Y también rescataría, solidario, |
| 100 | a los gatos traviesos del vecindario. |
| 106 | Mis piernas serían máquinas veloces |
| 111 | con las que rápido a los árboles treparía |
| 119 | y a los pobres gatitos salvaría. |
| 125 | Para crecer todavía me falta mucho tiempo |
| 132 | Pero pensar en las tareas que podría realizar, |
| 140 | me ha hecho sonreír con alegría. |

Nombre _____

## A. Vuelve a leer el texto y responde las preguntas.

**1.** ¿Por qué piensa el muchacho que quiere ser maestro cuando crezca?

_____

_____

**2.** ¿Por qué piensa que le gustaría ser bombero?

_____

_____

**3.** En el poema, ¿cuál es el punto de vista del muchacho sobre el trabajo?

_____

_____

## B. Trabajen con un compañero o una compañera. Lean el texto en voz alta. Presten atención a la expresividad. Deténganse después de un minuto. Completen la tabla.

|  | Palabras leídas | – | Cantidad de errores | = | Puntaje: palabras correctas |
|---|---|---|---|---|---|
| Primera lectura |  | – |  | = |  |
| Segunda lectura |  | – |  | = |  |

Nombre _____

# Soñaba

Soñé una noche cualquiera que yo iba a visitar

a mi amiga la ballena en el fondo del mar.

Jugamos al escondite un largo rato, sin parar.

Nos buscaba un pulpo grande que no nos pudo
encontrar.

A pesar de divertirme, pronto quise regresar.

¡Estaba todo muy oscuro en lo profundo del mar!

## Responde las preguntas sobre el poema.

**1.** ¿Cómo sabes que este texto es poesía?

_____

_____

**2.** ¿Qué palabras riman al final de los versos?

_____

_____

**3.** ¿Qué agregan al poema las palabras que riman?

_____

Nombre _____

> Una **metáfora** compara dos cosas diferentes, pero **no**
> emplea las palabras *como* o *tan…como*.

**Lee los versos. Escribe las dos cosas que el autor compara.
Luego, explica qué significa cada metáfora.**

**I.** Los niños serían un ejército de hormiguitas laboriosas,
yendo a clase muy airosas.
¿Qué cosas compara el autor?

_____

Los dos _____.

**2.** Sus sonrisas brillantes y cálidos soles, llenarían de
luz todos los rincones.
¿Qué cosas compara el autor?

_____

Los dos _____.

**3.** Mis piernas serían máquinas veloces
con las que rápido a los árboles treparía.
¿Qué cosas compara el autor? _____

Las dos _____.

**4.** Mis cuchillas serían un rayo certero,
cortando a toda velocidad alimentos saludables.
¿Qué cosas compara el autor? _____

Los dos _____.

Nombre _____

**Vuelve a leer "Creciendo en un día". Piensa en cómo el autor manejó el punto de vista. Usa las palabras y la imagen para completar las oraciones.**

**I.** El muchacho piensa que _____ sería un

buen trabajo porque _____

_____.

**2.** El muchacho piensa que _____ sería un buen

trabajo porque _____

_____.

**3.** El muchacho describe diferentes trabajos porque _____

_____

_____

_____.

Nombre _____

## A. Lee el borrador. Usa las preguntas como ayuda para mejorar el texto empleando palabras expresivas.

> ### Borrador
>
> Yo imagino aventuras diferentes
> y las pinto con colores en mi mente.

**I.** ¿Dónde podrías agregar adjetivos expresivos?

**2.** ¿Dónde podrías agregar adverbios expresivos?

**3.** ¿Qué palabras podrías reemplazar por palabras más expresivas?

## B. Ahora revisa el borrador y agrega palabras expresivas.

_____

_____

_____

_____

_____